Alexander Th. Link:

Cook for life- Das Kochbuch!

Dieses Buch gehört: _____

AF192004

Cook for life- Das Kochbuch!

Alexander Th. Link

Herstellung und Verlag: BoD – Books on Demand, Norderstedt
ISBN: 9783759770400

Vorwort

Ich weiß ja nicht, wie es euch geht: Rezepte gibt es ja im Internet in Hülle und Fülle. Man muss nur mehrere Zutaten eingeben und sofort erscheint ein dazu passendes Gericht. Aber ich halte immer noch gerne ein Kochbuch mit echten Seiten und Buchdeckel in Händen. Meiner Meinung nach ist ein solches Kochbuch doch etwas ganz Persönliches, eine Visitenkarte sozusagen. Daher habe ich mir zur Aufgabe gestellt, meine TOP-50, sozusagen meine persönlichen Favoriten, für euch zusammenzustellen. Interessanterweise habe ich festgestellt, dass es bei diesen TOP-50 immer mehr vegetarische Gerichte gibt- ein Trend, der sich in der Kochwelt mittlerweile mehr als etabliert hat.

Auch in meinem eigenen Unterricht in der Schule spielen vegetarische Gerichte eine immer größere Rolle. Was nicht heißt, dass es nicht auch mal Fleisch geben darf! Aber eben ausgewählt und mit besten Zutaten. 500 g Hähnchenbrust gibt es eben nicht mal so für 2 Euro- oder es läuft etwas falsch in der Herstellungs- und Lieferkette.

Das vorliegende Kochbuch ist eben meine persönliche „Visitenkarte" – das, was Alexander Th. Link am liebsten selber kocht, seinen Gästen serviert und wo er auch absolut dahintersteht.

Die Rezepte sind alle ausprobiert, verfeinert und in den allermeisten Fällen sogar als Video zu finden. Den Link gibt es bei jedem Rezept als QR-Code.

In den Kategorien Hauptspeisen, Desserts, Kuchen und Torten sowie Weihnachtsgebäck werdet ihr bestimmt fündig werden. Vorspeisen findet ihr bewusst in diesem Buch nicht (ich musste mich ja auf meine TOP- 50 beschränken), dafür könnt ihr unter sehr vielen Vorspeisen auf der Homepage www.cookforlife.de fündig werden. Und natürlich gilt: Gottes Segen möge uns alle begleiten!

Für Fragen, Anregungen und Kritik könnt ihr mich unter der E-Mail-Adresse

a.link@egs-odenwald.de sehr gerne kontaktieren. Und nun: An die Töpfe, fertig los!

Viel Spaß und gutes Gelingen und natürlich guten Appetit wünscht Euch

Euer A. Th. Link

Inhaltsverzeichnis

Desserts, Kuchen und Torten

Weihnachtsbäckerei

Vater aller Gaben,

Alles was wir haben,

Alle Frucht im weiten Land

Ist Geschöpf in Deiner Hand.

Hilf, dass nicht der Mund verzehret

Ohne dass das Herz Dich ehret,

Was uns Deine Hand beschert.

AMEN

HAUPTGERICHTE

Apfelpfannküchlein mit herbstlicher Gemüsesuppe

Das brauchst du:

Für die Pfannküchlein:

2 große Tassen Mehl

1 Päckchen Backpulver

500 ml Buttermilch

2 Eier

60 g geschmolzene Butter

4-6 Esslöffel Zucker

3-4 Äpfel

Für den Gemüseeintopf:

1 größere Zwiebel

Gemüse deiner Wahl:

1 Lauch, 2 Möhren, 1 Zucchini,

etwas Knollensellerie und/oder Staudensellerie

etwas Schnittlauch/Petersilie

1 Ei

1-2 Kartoffeln (geschält und in kleinere Stückchen geschnitten)

(Hier kannst du nehmen, was du gerade da hast o der gefunden hast)

2-3 Hände voll Suppennudeln (Hörnchen, Fäden, Buchstabennudeln….egal). Außerdem brauchst du Salz und Pfeffer.

So machst du´s richtig:

1.)Nimm eine Schüssel und gib das Mehl und das Backpulver hinein

.2.)Mische dieses Mehl- Backpulvergemisch mit den Händen durch. 3.)Mach in der Mitte eine „Kuhle" und gib die Eier, den Zucker, die Buttermilch hinein.

4.)Nimm einen Topf und bring die Butter zum Schmelzen.

5.)Gib die Butter ebenfalls in die Schüssel.

6.)Mische das Ganze mit einem Rührgerät durch. Wichtig: Der Teig muss sehr zähflüssig sein.

7.) Wasche die Äpfel, nimm das Kerngehäuse raus, schneide sie in Viertel und dann in kleine Streifchen.

8.) Gib sie in den Teig.

9.)Backe mit WENIG BUTTERSCHMALZ etwa 8 Küchlein daraus. (Du kannst mit dem Rausbacken aber auch warten, bis du die Gemüsesuppe gemacht hast).

10.) Schneide die Zwiebel in Brunoise und gib sie mit etwas Öl bzw. Butterschmalz in einen größeren Topf.

11.) Dünste sie glasig.

12.) Lösche mit einem größeren Becher Wasser ab.

13.) Schneide nun das ganze Gemüse klein und gib es ebenfalls in den Topf.

14.) Lass das Ganze vor sich hin köcheln.

15.) Gib Pfeffer und Salz, evtl. etwas Muskat hinzu und schmecke ab.

16.) Wenn du die Küchlein noch nicht rausgebacken hast, kannst du sie während des Kochens der Suppe rausbacken und im Ofen bei 100 Grad Oberhitze/Unterhitze warmhalten.

Bandnudeln mit Garnelen und Bärlauch

(sollte keine Bärlauchzeit sein, einfach den Bärlauch weglassen)

Hier werden sogar die Nudeln selbst hergestellt.

Das brauchst du: Für den Nudelteig:

300 g (Dinkel)-Vollkornmehl

3 Eier

Für die Gemüsepfanne:

1 Bund grünen Spargel

1 Bund frischen Bärlauch

1 Tüte TK-Garnelen

Salz, Pfeffer, Curry

Sahne

frisch geriebenen Parmesan

250 ml Gemüsebrühe

So machst du´s richtig:

1.) Gib die Eier zum Mehl und knete den Nudelteig. Lass den Teig etwa eine halbe Stunde lang ruhen.

2.) Schäle in der Zwischenzeit den Spargel und schneide das holzige Ende der Spargelstangen ab.

3.) Schneide den Spargel in Rauten.

4.) Schneide den Bärlauch klein.

5.) Stelle mithilfe einer Nudelmaschine oder mithilfe eines Nudelholzes und einem Messer aus dem Nudelteig Bandnudeln her.

6.) Koche die Nudeln in reichlich Salzwasser.

7.) Brate den Spargel und die Garnelen in einer Pfanne mit etwas neutralem Speiseöl an.

8.) Lösche mit Gemüsebrühe ab.

9.) Gib die Nudeln zu dem Spargel und den Garnelen und würze nach eigenem Geschmack mit Salz, Pfeffer und/oder Curry.

10.) Runde mit etwas Schlagsahne ab.

11.) Gib kurz vor dem Servieren etwas Parmesan in die Pfanne.

Calzoni, gefüllt mit Tomaten und Käse

Das brauchst du:

Für die Calzoni:

500 g gekochte und gepellte Kartoffeln

(am besten am Vortag schon machen, so dass sie kalt sind)

200 g Mehl

1 Ei

Salz, Pfeffer

Für die Füllung:

1 Glas eingelegte Tomaten

½ Packung geriebenen Käse deiner Wahl

Für die Soße:

30 g Butter

30 g Mehl

500 ml Milch

Geriebenen Käse deiner Wahl

Salz

So machst du´s richtig:

1.) Koche die Kartoffeln mit der Schale als Pellkartoffeln 20 Minuten in Salzwasser (am besten machst du das einige Stunden vorher oder am Vortag, so dass die Kartoffeln kalt sind.
2.) Drücke die Kartoffeln durch eine Kartoffelpresse.
3.) Würze mit Salz und Pfeffer.
4.) Gib ein Ei in die Masse.
5.) Gib einen Teil des Mehls in die Schüssel und forme daraus einen geschmeidigen Teig, der nicht mehr klebt.
6.) Mache nun die Fülle, indem du die Tomaten klein schneidest und in eine Schüssel gibst.
7.) Gib den geriebenen Käse dazu.
8.) Bemehle mit dem Rest des Mehls deine Arbeitsfläche und rolle den Teig mit einem Nudelholz aus (immer nur einen Teil des Teigs nehmen, so tust du dir leichter).
9.) Steche nun mit einem Ausstecher (Durchmesser etwa 10 cm) oder einem Glas/Tasse Kreise aus.
10.) Gib die Fülle in die Mitte der Kreise.
11.) Klappe nun die Kreise mit den Händen zu und drücke sie an der Seite fest, so dass Halbmonde entstehen.
12.) Brate die Halbmonde nun in der Pfanne mit genügend Butterschmalz oder Öl auf beiden Seiten an.
13.) Du kannst die fertigen Calzone gut im Ofen bei 120 Grad Oberhitze/Unterhitze warm halten.
14.) Gib für die Soße die Butter in einen kleineren Topf und lass die Butter schmelzen.
15.) Gib das Mehl hinzu und rühre kräftig.
16.) Gib unter ständigem Rühren die Milch hinzu.
17.) Gib den Rest des geriebenen Käses hinzu und lass die Soße köcheln. Immer mal wieder umrühren!
18.) Würze mit Salz.

19.) Mach nun die Salatsoße: Schneide eine Zwiebel in kleine Würfelchen.

20.) Gib sie in die Salatschüssel.

21.) Gib 6 Esslöffel neutrales Speiseöl und 3 Esslöffel Weißweinessig hinzu.

22.) Gib etwas Zucker hinzu und Gartenkräuter deiner Wahl.

23.) Wasche den Salat und gib ihn in die Salatschüssel.

Dinkel-Quiche mit lauwarmem Herbstsalat

Das brauchst du für 4 Portionen:

Für den Quiche-Teig:

• 200 g Dinkelmehl

• 1 Teelöffel Salz

• 100 g Butter, in Flocken

• 1 Esslöffel Honig (nach Bedarf)

• 5 Esslöffel kaltes Wasser

Für die Füllung:

• 50 g Rote Bete, in dünne Scheiben geschnitten

• 50 g Gelbe Bete, in dünne Scheiben geschnitten

• 50 g Lauch, in Ringe geschnitten

• 50 g Broccoli, in kleine Röschen geschnitten

• 50 g Blumenkohl, in kleine Röschen geschnitten

• Oder anderes Gemüse deiner Wahl

(Die oberen Zutaten sind alle optional. Du kannst eigentlich alles nehmen, was du an Gemüse

im Haus hast und was weg muss). Das Rezept ist also ein super Reste-Essen!

- 1 Zwiebel, geschält, klein gewürfelt. Alternativ kannst du auch Frühlingszwiebeln verwenden.

- 4 Eier

- 100 g Frischkäse

- 100 g Schmand

- 1 Beutel geriebenen Bergkäse

- ½ Teelöffel Salz

- Etwas gemahlenen Pfeffer

- 1 Prise Muskatnuss, gerieben

- Etwas Semmelbrösel

Für den bunten Herbstsalat:

- 100 g Karotten

- 100 g Knollensellerie

- 100 g Weißkraut

- 100 g Staudensellerie, in Streifen geschnitten

- 100 g Apfel, säuerlich, in Streifen geschnitten

- 1 Zwiebel, in Würfelchen geschnitten

- 40 g Walnüsse, grob gehackt (wenn du da hast).

- 2 EL Apfelessig (es geht aber auch jeder andere Essig)

- 1 EL Zitronensaft

- 2 EL neutrales Speiseöl

- 1 TL Honig

- ½ Teelöffel Salz

- 1 Prise Pfeffer

So machst du´s richtig:

1.) Gib das Mehl und die angewärmte Butter und den Honig, einen Teelöffel Salz, das Wasser

in eine Schüssel und knete das Ganze zu einem geschmeidigen Teig.

2.) Wickle, wenn du Zeit hast, den Teig in Klarsichtfolie und gib den Teig für eine halbe Stunde

in den Kühlschrank.

3.) Mache nun die Füllung: Gib den Schmand und den Frischkäse in eine Schüssel.

4.) Gib die Eier ebenfalls hinein.

5.) Verrühre das Ganze mit einem Schneebesen.

6.) Würze mit Salz und Pfeffer.

7.) Schneide die Zwiebel bzw. die Frühlingszwiebel klein.

8.) Gib diese Zwiebeln ebenfalls in die Schüssel mit der Füllung.

9.) Rolle nun den Teig mit einem Nudelholz auf einer bemehlten Arbeitsfläche aus.

10.) Nimm nun den Boden einer Springform und drücke ihn auf den Teig. So weißt du, wie groß der Boden für die Quiche sein muss.

11.) Lege die Springform mit Backpapier aus.

12.) Gib den Boden in die Springform.

13.) Mache mit dem Rest des Teigs den Rand.

14.) Steche mit einer Gabel mehrmals in den Teigboden.

15.) Backe nun blind: Gib ein weiteres Backpapier auf den Teigboden.

16.) Jetzt brauchst du Erbsen oder Linsen, die du auf das Backpapier drauf gibst und es damit sozusagen „beschwerst".

17.) Gib den Teig bei 180 Grad Oberhitze/Unterhitze in den Backofen für 20 Minuten in den Ofen.

18.) Schneide nun in der Zwischenzeit all das Gemüse, welches du auf der Quiche drauf haben willst.

19.) Nimm die Quiche aus dem Ofen und hebe die Linsen/Erbsen für das nächste Blindbacken auf.

20.) Gib nun das Gemüse auf die Quiche.

21.) Gib dann die Füllung drauf.

22.) Gib etwas Semmelbrösel in die Quiche.

23.) Gib das Ganze noch mal für 30 Minuten in den Backofen.

24.) Mache nun den lauwarmen Salat:

25.) Schneide dein Gemüse klein. Wenn du Möhrchen hast, schneide sie in Streifchen, nicht in Würfelchen.

26.) Blanchiere das Gemüse für ein paar Minuten in kochendem Wasser.

27.) Mache nun das Dressing: Nimm 2 Esslöffel Essig, 2 Esslöffel neutrales Speiseöl, Salz, Pfeffer, 1 Esslöffel Zitronensaft, 1 Esslöffel Honig und gib das Ganze in eine Salatschüssel.

28.) Rühre es um und schmecke ab, ob es dir so schmeckt.

29.) Gib da blanchierte Gemüse in das Dressing.

30.) Schäle einen Apfel, schneide ihn in Viertel, hole das Kerngehäuse raus und schneide ihn in feine Streifchen wie bei den Möhren und gib es ebenfalls in den Salat.

31.) Wenn du Nüsse hast, zerdrücke sie etwas und gib sie auf dem Salat.

32.) Hole die Quiche aus dem Ofen und serviere.

Frikadellen mit Bohnengemüse und Salzkartoffeln

Das brauchst du: (für 8-9 Frikadellen):

Für die Frikadellen:

500 bis 600 g gemischtes Hackfleisch

1 altbackenes Brötchen

1 Ei, 1 Zwiebel

etwas Milch

Salz, Pfeffer, Semmelbrösel

eine Handvoll gehackte frische Petersilie

Für das Bohnegemüse:

500g Bohnen

reichlich Salzwasser

150 g (eine halbe Packung) Butter

Semmelbrösel

außerdem: 3-4 Kartoffeln und nach Belieben etwas Bratenjus oder Bratensaft

So machst du´s richtig:

1.) Schneide die Zwiebel in Würfelchen.

2.) Gib das Brötchen mit der Milch in eine extra Schüssel und weiche es in der Milch ein.

3.) Schneide die Petersilie klein.

4.) Gib nun in eine größere Schüssel das Hackfleisch, das ausgedrückte Brötchen, das Ei, die Zwiebelwürfelchen, die Petersilie, Salz und Pfeffer und mische das Ganze ordentlich durch.

Ist die Masse zu flüssig, so dass du keine Frikadellen formen kannst, musst du etwas Semmelbrösel hinzutun.

5.) Schäle in der Zwischenzeit die Kartoffeln und schneide sie in Viertel.

6.) Koche sie in reichlich Salzwasser etwa 20 Minuten gar.

7.) Forme nun mit der nassen Hand 8 bis 9 Frikadellen.

8.) Brate die Frikadellen auf jeder Seite mit etwas Butterschmalz in einer Pfanne an.

9.) Wasche und putze die Bohnen und lass sie in reichlich Salzwasser 15 Minuten garen.

10.) Wenn die Frikadellen an jeder Seite goldbraun sind, nimm sie aus der Pfanne und gib sie zum Durchgaren bei 160 Grad Oberhitze/Unterhitze in dern vorgeheizten Backofen.

11.) Jetzt kannst du in der Pfanne eine Soße ziehen, indem du sie mit etwas Butter und einer Bratenjus montierst.

12.) Nimm die Bohnen aus dem Topf und gib sie in ein Metallsieb. Mach aber einen Deckel drauf, damit sie warm bleiben.

13.) Nimm nun ein kleines Töpfchen und schmelze die Butter.

14.) Gib dann nach Belieben Semmelbrösel hinein.

15.) Die Semmelbröselsoße gibst du dann über die Bohnen am Teller.

Dieses Video beinhaltet eine Bechamél-Soße, aber die Grundschritte sind dieselben.

Gefüllte Zucchini-Blüten

Das brauchst du (für 4 Portionen):

6 -8 Zucchini, an denen die Blüten noch dran sind

2 größere Zucchini zum Kleinschneiden

2 Becher Tiefseegarnelen bzw. Krabben

1 Teelöffel Speisestärke

Schnittlauch

Basilikum

Etwas Sojasoße

Salz, Pfeffer

Für die Zuchhinogrette:

Eine der beiden größeren Zucchini

1 kleine Zwiebel

Etwas Öl

Etwas Zitronenschale

Etwas Balsamicoessig

Etwas Chilipulver

So machst du´s richtig:

1.) Wasche die Zucchini mit den Blüten sehr vorsichtig!

2.) Nimm den Stempel aus der Blüte mithilfe einer Pinzette heraus.

3.) Schneide in die Zucchini kleine Streifen hinein, so dass sie aussehen wie Fächer

4.) Schneide eine der beiden größeren Zucchini in kleine Würfelchen.

5.) Wasche die Krabben und schneide sie ebenfalls etwas kleiner.

6.) Schneide den Schnittlauch in kleine Röllchen.

7.) Gib die Zucchiniwürfel, die Krabben und den Schnittlauch in eine Schüssel.

8.) Schneide das Basilikum ebenfalls klein und gib es dazu.

9.) Würze nun mit Salz, Pfeffer und der Sojasoße.

10.) Gib die Speisestärke hinein und rühre alles mit einem Löffel um.

11.) Fülle nun die Blüten vorsichtig mit dieser Füllung.

12.) Gib nun diese Blüten entweder in einen Dampfgarer oder in eine Pfanne mit heißem Wasser und Sieb.

13.) Gib den Rest der Füllung ebenfalls in den Dampfgarer oder in das Sieb.

14.) Gare alles etwa 20 Minuten.

15.) Mache nun die Zucchinogrette: Schneide die zweite größere Zucchini in Würfelchen.

16.) Schneide die Zwiebel ebenfalls in Würfelchen.

17.) Gib alles in eine Schüssel und gib das Öl, die Zitronenschale, den Balsamicoessig und das Chilipulver hinein.

18.) Püriere alles und schmecke ab.

19.) Richte alles schön auf einem Teller an.

Gemüse-Frittata mit Salat der Saison

Das brauchst du:

Für die Gemüsesuppe:

1 große Zwiebel (einen Teil davon für die Frittata, einen Teil davon für das Salat-Dressing

1 Frühlingszwiebel

1 Stange Lauch

Weiteres Gemüse der Saison (Tomaten, Paprika, usw.)

1 große Möhre

1 Ei

Optional: Suppennudeln

Salz/Pfeffer

250 ml Gemüsebrühe

Für die Frittata:

4 Eier

100 ml Milch

Die Hälfte des Gemüses, das oben für die Suppe gebraucht wird

Einen Teil der Zwiebel

Optional: etwas geriebenen Käse

4-5 gekochte und gepellte Kartoffeln

Salz, Pfeffer, Muskat gerieben

Für den Salat:

Salat der Saison (Kopfsalat, Feldsalat usw.)

Etwas von den Zwiebelwürfelchen

6 Esslöffel neutrales Speiseöl

3 Esslöffel Essig

100 ml kaltes Wasser

1 Esslöffel Zucker

Salz, Pfeffer, Salatkräuter

So machst du´s richtig:

1.) Schneide die Zwiebel in kleine Würfelchen.
2.) Gib ein Drittel der Zwiebel in eine Salatschüssel, ein Drittel in einen Topf, zusammen mit etwas Öl oder Butterschmalz und ein Drittel in eine feuerfeste Pfanne, ebenfalls mit etwas Öl oder Butterschmalz.
3.) Schneide den Rest des Gemüses in kleine Ringe bzw. Würfelchen und gib die Hälfte in eine Schüssel und die andere Hälfte in den Topf für die Suppe.
4.) Schwitze die Zwiebeln in der Pfanne kurz an.
5.) Gib die Hälfte des geschnittenen Gemüses ebenfalls in die Pfanne.
6.) Schneide die Kartoffeln ebenfalls in Würfelchen und gib sie in die Pfanne dazu.

7.) Heize den Backofen auf 170 Grad Oberhitze/ Unterhitze vor.

8.) Gib die 4 Eier in die frei gewordene Schüssel.

9.) Gib die Milch dazu.

10.) Gib 3-4 Teelöffel Salz und 1 Teelöffel Pfeffer hinzu.

11.) Reibe etwas Muskatnuss hinein.

12.) Gib den geriebenen Käse dazu und rühre nochmals mit einem Rührlöffel um.

13.) Rühre das Ganze nun mit einem Handrührgerät durch.

14.) Gib das Ei-Gemisch nun in die Pfanne mit dem Gemüse und brate es für 2 bis 3 Minuten an.

15.) Gib die Frittata nun für 20 bis 25 Minuten in die mittlere Schiene des Backofens.

16.) Schwitze nun den Rest der Zwiebel und des Gemüses im Suppentopf an.

17.) Gieße mit 250 ml Gemüsebrühe auf.

18.) Gib, falls du möchtest, eine Handvoll Suppennudeln in die Suppe.

19.) Mache in der Zwischenzeit das Salatdressing: Gib 6 Esslöffel neutrales Öl, 3 Esslöffel Essig, 100 ml kaltes Wasser, 1 Esslöffel Zucker in die Salatschüssel mit den Zwiebel-Würfelchen.

20.) Gib, falls nötig, etwas Salz und Pfeffer dazu.

21.) Wasche und sortiere den Salat und gib ihn in die Salatschüssel. Rühre den Salat erst kurz vor dem Servieren um, damit der nicht „ertrinkt".

22.) Verquirle ein Ei und gib es als Einlage in die Suppe.

23.) Serviere alles.

Gefüllte Champignons

Das brauchst du:

Für die Champignons (für 4 Portionen):

16 große Champignons (4 Champignons pro Person)

1 Stange Lauch

1 Möhre

1 Zwiebel

Geriebenen Käse deiner Wahl

1 Becher Schlagsahne (wahlweise auch saure Sahne oder Schmand)

100 ml Gemüsebrühe

Für die Beilage: 6-7 Kartoffeln

Für die Suppe:

Den Rest des Gemüses, das du nicht für die Füllung brauchst

Etwas von der Sahne

250 ml Gemüsebrühe

So machst du´s richtig:

1.) Schneide das gesamte Gemüse (Zwiebeln, Lauch, Möhre) in kleine Würfelchen.
2.) Schneide von den Champignons die Stiele heraus und schneide sie ebenfalls in Würfelchen.
3.) Gib etwas Öl oder Butterschmalz in einen Topf und lass einen Teil der Zwiebel, des Lauchs, der Möhre und die gesamten klein geschnittenen Champignonstiele anschwitzen.
4.) Lösche mit 100 ml Gemüsebrühe und etwas von der Sahne ab.
5.) Heize den Backofen auf 200 Grad Oberhitze/Unterhitze vor.
6.) Lass das Ganze nun reduzieren, bis kaum mehr Flüssigkeit vorhanden ist.
7.) Schäle in der Zwischenzeit die Kartoffeln und schneide sie in je 4 Teilchen.
8.) Gib sie in einen Topf mit Salzwasser und koche sie 20 Minuten gar.
9.) Fülle nun die Champignons mit dem Gemüse.
10.) Gib geriebenen Käse auf die Champignons und gib das Ganze für 25 Minuten in den Backofen (in einer Auflaufform, die du vorher mit Butter ausgerieben hast).
11.) Nimm nun den Topf mit dem Rest des nicht verwerteten Gemüses und gib den anderen Rest des rohen Gemüses ebenfalls hinein (das wird die Suppe).
12.) Lösche mit 250 ml Gemüsebrühe ab und verfeinere mit etwas Schlagsahne.
13.) Püriere die Suppe mit einem Pürierstab.
14.) Wenn du eine Soße dazu machen willst, nimm einen Becher gefrorene Pilze und gib sie in einen Topf mit etwas Wasser.
15.) Verfeinere ebenfalls mit Sahne und würze mit Salz und Pfeffer.

Gemüse-Gulasch mit Semmelknödelchen

Das brauchst du:

Für die Knödel:

4-5 altbackene Brötchen, in Würfelchen geschnitten oder alternativ 1 Packung Knödelbrot

1 Zwiebel, in Würfel geschnitten

Etwas Petersilie, geschnitten

250 ml Milch

2 Eier, Salz, Pfeffer, Muskat

1 Stich Butter

Für das Gulasch:

3 Zwiebeln, in Würfel geschnitten

Gemüse deiner Wahl

Wasser, Gemüsebrühe

Tomatenmark

1 Knoblauchzehe, in kleine Würfelchen geschnitten

Salz. Pfeffer,

Majoran, Paprikapulver

So machst du´s richtig:

1.) Dünste die Zwiebel für die Knödel in etwas Öl an.

2.) Wärme die Milch etwas auf (nicht kochen lassen)

3.) Gib die Eier auf das Knödelbrot und menge es durch

4.) Gib die Zwiebel dazu

5.) Gib die Milch dazu und menge alles durch und lasse es 15 Minuten stehen.

6.) Würze dann mit Salz. Pfeffer und Muskat ab.

7.) Schneide dein Gemüse klein.

8.) Dünste die Zwiebeln für das Gulasch mit etwas Öl an.

9.) Gib das Gemüse dazu und lasse das Gemüse mit etwas Flüssigkeit vor sich hin schmoren. Gib immer wieder Flüssigkeit nach, wenn es zu wenig sein sollte.

10.) Drehe in der Zwischenzeit mit feuchten Händen die Knödel ab (es sollten etwa 16 Knödel entstehen).

11.) Gib einen guten Stich Butter in eine Pfanne und brate die Knödel von beiden Seiten an.

12.) Würze dann das Gulasch mit Salz. Pfeffer, Majoran, Paprikapulver.

Hähnchenschnitzel mit Kartoffelsalat

Das brauchst du:

Für die Schnitzel:

4 Hähnchenschnitzel

2 Eier

Paniermehl

Mehl

Frisch geriebene Muskatnuss

Salz, Pfeffer

Für den Kartoffelsalat:

10-12 festkochende Kartoffeln

250 ml Gemüsebrühe

1 Zwiebel

1 Stange Staudensellerie oder den Stängel eines Knollenselleries

aus dem eigenen Garten

mittelscharfen Senf (etwa 2 Esslöffel)

Salz. Pfeffer und UNBEDINGT: etwas Zucker

Etwas neutrales Pflanzenöl, etwas Weißweinessig

So machst du´s richtig:

1.) Wasche die Kartoffeln und koche sie in einem großen Topf weich.

2.) Nimm sie aus dem Topf und pelle sie.

3.) Schneide sie in Scheiben und gib sie in eine große Schüssel.

4.) Schneide die Zwiebel in der Zwischenzeit in kleine Würfelchen und gib sie zusammen mit der Gemüsebrühe in einen Topf.

5.) Koche die Gemüsebrühe einige Minuten zusammen mit den Zwiebelwürfelchen.

6.) Gib etwas Zucker in die Gemüsebrühe.

7.) Schneide den Sellerie in ganz kleine Würfelchen.

8.) Gib die Selleriewürfelchen, den Senf, das Salz, den Pfeffer, das Öl und den Essig in die Schüssel mit den Kartoffeln.

9.) Schütte die Gemüsebrühe darüber und schmecke ab, ob es so gut ist.

10.) Rühre den Kartoffelsalat durch und lass ihn in der zugedeckten Schüssel etwas durchziehen.

11.) Klopfe nun die Schnitzel.

12.) Würze sie mit Salz und Pfeffer sowie auf einer Seite mit frisch geriebener Muskatnuss.

13.) Mache dir eine Panierstraße zurecht mit Mehl, verquirlten Eiern und Paniermehl.

14.) Wende die Schnitzel zuerst in Mehl, dann in Ei und dann in Paniermehl.

15.) Backe sie in reichlich Butterschmalz aus.

16.) Du kannst sie dann auch gut im Backofen bei 120 Grad Oberhitze/Unterhitze warmhalten.

Hauswaffeln

Das brauchst du:

250 g Butter

6 Eier

175 g Zucker

2 Päckchen Vanillezucker

Etwas Abrieb einer Biozitrone

500 g Mehl

1 Päckchen Backpulver

½ Liter Milch

So machst du´s richtig:

1.) Schneide die Butter in Flöckchen und rühre sie mit einem Handrührgerät mehrere Minuten

schaumig.

2.) Mische das Mehl und das Backpulver in einer extra Schüssel mit den Händen durch.

3.) Gib die Eier und den Zucker hinzu und rühre nochmals mehrere Minuten schaumig, so dass

eine cremige Textur entsteht.

4.) Gib den Vanillezucker und den Zitronenabrieb dazu und rühre nochmals ein paar Minuten.

5.) Siebe nun mit einem Sieb das Mehl/Backpulvergemisch auf den Teig und gib die Milch dazu.

6.) Rühre nochmals mit dem Handrührgerät, aber Achtung: Zunächst auf niedrigster Stufe, sonst

kannst du die Küche schrubben!

7.) Schalte nun das Waffeleisen an und gib etwas Öl auf die Backfläche.

8.) Gib nun je einen Schöpflöffel voll Teig in das Waffeleisen und backe die Waffeln goldbraun.

Wieso Hauswaffeln bei den Hauptgerichten? Ganz einfach: Im Odenwald (mundartlich: Ourewold) ist die Hauswaffel zusammen mit einem Eintopf ein typisches Samstags-Gericht

Käsespätzle

Das brauchst du:

Für die Spätzle:

4 Eier

250 g (Vollkorn)-Mehl

50 ml Mineralwasser

Muskatnuss

Salz

Für das Topping:

100 ml Gemüsebrühe

Petersilie

Emmentaler und Bergkäse gerieben

Parmesan gerieben

1 große Zwiebel

1 Prise Zucker

So machst du´s richtig:

1.) Gib das Mehl, die Eier, etwas Salz, etwas geriebene Muskatnuss, das Mineralwasser in eine Schüssel und rühre das Ganze zu einem geschmeidigen Teig.

2.) Bring einen großen Topf mit Salzwasser zum Kochen.

3.) Nimm den Spätzleschaber und gib ihn über den Topf.

4.) Schabe daraus Spätzle.

5.) Nimm die Spätzle aus dem Topf und stelle sie beiseite.

6.) Schneide eine Zwiebel in Würfelchen.

7.) 6.) Gib die Zwiebel in eine Pfanne und dünste sie mit Butterschmalz und einer Prise Zucker rostbraun.

8.) Gib die Spätzle hinein und brate sie etwas an.

9.) Lösche mit der Gemüsebrühe ab.

10.) Schneide den Käse in Würfelchen und gib ihn hinein (Den Parmesan musst du reiben).

11.) Schneide die Petersilie klein.

12.) Richte alles auf einem Teller an und gib die Petersilie darauf.

Denn ein jeglicher Mensch, der da esset und trinket und hat guten Mut in all seiner Arbeit, das ist eine Gabe Gottes (Prediger 3.13)

Kaspressknödel mit Rote-Bete-Carpaccio

Das brauchst du:

- 250 ml Milch
- 250 g Knödelbrot
- 40 g Butter
- 1 Zwiebel, geschält, fein gewürfelt
- 1 Knoblauchzehe, geschält, fein geschnitten
- 3 Eier
- Salz, Muskatnuss, Pfeffer aus der Mühle
- etwas fein geschnittene Petersilie
- 150 g Bergkäse von guter Qualität, gerieben
- 1 EL Butterschmalz zum Ausbacken

So machst du's richtig:

Die Milch zum Kochen bringen und über das Knödelbrot gießen. Zugedeckt kurz stehen lassen. Zwiebelwürfel in Butter etwas bräunen, Knoblauch zugeben und alles zur Knödelmasse geben. Dann Eier, Salz, Pfeffer, Muskatnuss, Petersilie und Käse untermengen. Kleine Knödel formen, etwas flach drücken und im heißen Butterschmalz von beiden Seiten vorsichtig goldbraun ausbacken.

Rote-Rüben-Carpaccio

- 4 Rote Bete
- 1 EL Meerrettich
- 3 EL kaltgepresstes Rapsöl
- Salz, Pfeffer
- ½ Bd. Dill
- 1 EL Honig
- Saft von 1 Zitrone

So machst du das Carpaccio:
Rote Bete im Salzwasser kochen oder dämpfen, dann schälen und
in feine Scheiben schneiden. Mit etwas Salz und Pfeffer leicht
würzen. Den Feldsalat putzen und gut waschen. Aus Zitronensaft,
Salz, Pfeffer, Dill, Honig, Meerrettich und Rapsöl eine Marinade
herstellen. Zum Servieren Rote Bete auf einem Teller kreisförmig
auflegen, darauf etwas Marinade träufeln.

Garnitur

- Rote-Bete-Sprossen
- 200 g Feldsalat, Frisée- oder Rucolasalat

Anrichten
Die Kaspressknödel mittig auf der Roten Bete anordnen und die
Zwischenräume mit dem Salat garnieren. Etwas Marinade auf den
Salat träufeln. Wer möchte, kann Rote-Bete-Sprossen darüber
streuen.

Und alles Volk ging hin, dass es äße, tränke und Teil sendete und eine große Freude machte; denn sie hatten die Worte verstanden, die man ihnen hatte kundgetan. (Nehemia 8.12)

Kartoffelpuffer mit selbst gemachtem Apfelkompott

Das brauchst du (für 4 Portionen):

Für die Kartoffelpuffer:

6-8 Kartoffeln, vorwiegend festkochend

1 Zwiebel

Salz, Pfeffer

3 Esslöffel Speisestärke

Etwas Instant-Haferflocken

1-2 Eier

Für das Apfelkompott:

3-4 Äpfel

Wasser oder wahlweise Apfelsaft

Etwas Zucker (falls das Kompott zu sauer sein sollte)

Etwas Zimt

Für die Maronensuppe:

1 Zwiebel

300 ml Gemüsebrühe

2-3 Päckchen Maronen, vorgekocht

Etwas Schlagsahne

So machst du´s richtig:

1.) Schneide die beiden Zwiebeln in Würfelchen.
2.) Dünste eine Zwiebel mit etwas Öl oder Butterschmalz an.
3.) Lösche mit der Gemüsebrühe ab.
4.) Gib die Maronen in die Suppe und lass alles köcheln. Gib, falls zu wenig Wasser im Topf ist, immer wieder etwas Wasser dazu.
5.) Schäle die Kartoffeln und gib sie in eine Schüssel mit kaltem Wasser.
6.) Schäle die Äpfel, entferne das Gehäuse und schneide die Äpfel in Würfelchen.
7.) Gib sie in einen Topf, gib etwas Wasser oder wahlweise Apfelsaft hinzu und lass die Äpfel vor sich hin köcheln.
8.) Reibe die Kartoffeln in eine Schüssel, wo du die andere Zwiebel reingegeben hast.
9.) Gib die Eier, das Salz und den Pfeffer, die Speisestärke und die Haferflocken dazu und mische alles zu einem Teig.
10.) Schau immer wieder nach den Äpfeln und nach der Suppe und gieße, falls notwendig, Flüssigkeit nach.
11.) Nimm die Suppe vom Herd und püriere sie fein.
12.) Verfeinere die Suppe mit Sahne.
13.) Ist sie zu dick, gib etwas Wasser nach und lass die Suppe auf kleiner Temperatur weiter köcheln.
14.) Backe nun in einer Pfanne mit Öl oder Butterschmalz die Kartoffelpuffer goldbraun.
15.) Gib etwas Zimt in das Apfelkompott und serviere alles.

Ich komme, meine Schwester, liebe Braut, in meinen Garten. Ich habe meine Myrrhen samt meinen Würzen abgebrochen; ich habe meines Seims samt meinem Honig gegessen; ich habe meines Weins samt meiner Milch getrunken. Esset, meine Lieben, und trinket, meine Freunde, und werdet trunken! (Hohes Lied 5.1)

Karotten-Möhren-Börek

Das brauchst du:

400 g Babyspinat

200 g Schafkäse oder Feta

1 Zwiebel

2 Rollen fertigen Blätterteig

4 Möhren

1 Zehe Knoblauch

Etwas frisch geschnittenen Ingwer (falls du da hast)

50 g Pistazien

1 Orange

1 Ei

Für das Joghurt:

2 Becher Joghurt (oder auch Schmand oder saure Sahne)

Etwas Zitronensaft und Schale einer Bio-Zitrone

Etwas neutrales Öl

Salz, Pfeffer

So machst du´s richtig:

1.) Heize den Backofen auf 170 Grad Oberhitze/Unterhitze vor.
2.) Schneide die Zwiebel und den Knoblauch in kleine Würfelchen.
3.) Schneide deinen Feta bzw. Schafskäse in kleine Würfelchen.
4.) Wasche den Spinat.
5.) Gib etwas Öl in eine Pfanne und dünste die Zwiebel darin an.
6.) Gib den Spinat ebenfalls rein.
7.) Gib nun den Schafskäse ebenfalls hinein und lass ihn schmelzen.
8.) Würze mit etwas Salz.
9.) Gib den Knoblauch ebenfalls hinein.
10.) Nimm die Spinatfüllung vom Herd.
11.) Rolle den Blätterteig auf und schneide ihn in 6 Teile.
12.) Verquirle das Ei und bestreiche die Ränder des Blätterteigs mit dem Ei.
13.) Gib die Spinatfüllung gleichmäßig in die Mitte der Blätterteig-Teilchen.
14.) Rolle nun nach eigener Fantasie die Teilchen zusammen und gib sie auf ein Backblech, das ihr vorher mit Backpapier ausgelegt habt.
15.) Gib die Teilchen für 20 Minuten in den Backofen.
16.) Mache nun die Marinade für den Salat: Gib etwas Öl in eine Salatschüssel.
17.) Schneide, falls du hast, etwas Ingwer in Scheibchen und gib ihn ebenfalls hinein.

18.) Schäle die Orange und schneide die Orangenfilets heraus.

19.) Drücke den Rest der Orange in die Marinade.

20.) Gib etwas Salz und Pfeffer dazu.

21.) Schäle nun die Möhren und schäle dann die Möhren mit dem Sparschäler einfach weiter und gib sie in die Marinade.

22.) Gib die Pistazien dazu.

23.) Mache nun das Zitronenjoghurt: Gib dazu den Joghurt in eine Schüssel.

24.) Würze mit Salz und Pfeffer.

25.) Gib etwas Zitronenabrieb dazu.

26.) Gib etwas Zitronensaft dazu und rühre alles um.

27.) Richte alles schön auf einem Teller an.

Kartoffelknödel-Roulade mit Käsesoße

Das brauchst du:

Für die Knödel-Roulade:

350 g gepellte Kartoffeln

ca. 100 g Mehl

2 Eier 1 Eigelb

1 kleine gekochte Rote Bete 2 Wüfel TK-Spinat

Für die Käsesoße:

1 Knoblauchzehe, geschnitten

1 kleine Zwiebel, in Würfel geschnitten

200 ml Milch

etwas Sahne

Salz, Pfeffer, Muskatnuss

150 g geriebenen Käse

So machst du´s richtig:

1.) Drücke die gekochten Kartoffeln durch eine Kartoffelpresse.

2.) Gib die Eier dazu.

3.) Würze mit Salz, Pfeffer und Muskat.

4.) Gib etwas Mehl in die Masse, so dass sie sich später gut ausrollen lässt.

5.) Teile die Masse in drei Teile und gib sie in drei Schüsseln.

6.) Gib in die eine Schüssel den pürierten Spinat.

7.) Gib in die andere Schüssel die pürierte Bete.

8.) Gib eine Klarsichtfolie auf die Arbeitsplatte und rolle den gelben Teig mit einem Rollholz aus.

9.) Gib nun den Teig mit der Roten Bete drauf und rolle ihn ebenfalls aus.

10.) Gib nun als letztes den grünen Teig darauf und rolle ihn ebenfalls aus.

11.) Rolle das Ganze nun zusammen und rolle den ganzen Teig in die Klarsichtfolie ein.

12.) Binde das Ganze mit Küchengarn zu.

13.) Lass die Rolle nun für 45 Minuten in einem Topf mit heißem Wasser simmern, nicht richtig kochen.

14.) Nimm die Rolle heraus und schneide sie in Scheiben. Am besten machst du diese Rolle am Vortag, es geht aber auch, wenn du sie an demselben Tag machst.

15.) Schneide nun für die Käsesoße die Zwiebel und den Knoblauch klein und dünste sie mit etwas Öl in einem Topf an.

16.) Gib einen Esslöffel Mehl dazu.

17.) Gib nun nach Belieben den Käse dazu.

18.) Würze mit Salz und Pfeffer.

19.) Schneide die Kartoffelknödel-Roulade in Scheiben und brate sie mit etwas Öl an.

20.) Würze nach Geschmack mit Salz und Pfeffer nach.

Kartoffelknödel mit Rahmsoße und Lauchcremesuppe als Vorspeise

Das brauchst du:

Für die Kartoffelknödel:

800 g gegarte und gepellte Kartoffeln

4 Esslöffel Speisestärke

3 Teelöffel Salz

1 Teelöffel Pfeffer

Etwas geriebene Muskatnuss

1 Ei

Für die Rahmsoße:

Optional: Pilze deiner Wahl

Optional: Geschnetzeltes Fleisch (musst du vorher in einer Pfanne anbraten)

Salz, Pfeffer

1 große Zwiebel (die Hälfte für die Soße, die andere Hälfte für die Suppe)

Etwas Schlagsahne

150 ml Gemüsebrühe

Für die Suppe:

Die Hälfte der Zwiebel in Würfelchen geschnitten

1 Stange Lauch

Optional: 1 Frühlingszwiebel

250 ml Gemüsebrühe

Etwas Schlagsahne

So machst du´s richtig:

1.) Gare die Kartoffeln mit Schale und pelle sie. Lass sie dann etwas kalt werden.
2.) Nimm eine Kartoffelpresse und presse die Kartoffeln durch.
3.) Gib einen kleinen Teil der Kartoffeln zur Seite für die Lauchcremesuppe.
4.) Gib das Ei in die Schüssel mit den durchgepressten Kartoffeln.
5.) Gib die Speisestärke ebenfalls in die Schüssel.
6.) Gib das Salz, den Pfeffer und das Muskat ebenfalls in die Schüssel.
7.) Setze einen großen Topf mit Salzwasser auf dem Herd auf.

8.) Forme nun aus den Zutaten in der Kartoffelschüssel einen Teig.

9.) Forme daraus mit nassen Händen 10 bis 12 Knödel.

10.) Schneide die Zwiebel in kleine Würfelchen (je zur Hälfte für die Soße und für die Suppe).

11.) Schneide den Lauch und die Frühlingszwiebeln in Scheibchen.

12.) Gib nun die Knödel für 20 bis 25 Minuten in das Knödelwasser. Achte unbedingt darauf, dass das Wasser nur noch simmert, nicht kocht!

13.) Nimm zwei Töpfe und schwitze je die Hälfte der Zwiebelwürfelchen mit etwas Butterschmalz oder neutralem Öl an.

14.) Lösche in beiden Töpfen mit etwas Gemüsebrühe ab.

15.) Mit der Soße kannst du nun kreativ werden: Entweder Pilze und /oder angebratenes Fleisch hineingeben.

16.) Püriere die Suppe mit einem Pürierstab durch.

17.) Gib etwas Schlagsahne in die Suppe und rühre nochmals auf.

18.) Gib nun etwas Schlagsahne in deine Rahmsoße (optional etwas braune Soße dazu geben).

Köttbullar in Honig-Paradeiser-Soße

Das brauchst du:

Für die Paradeiser-Soße:

500g Honig-Paradeiser

1 Schalotte

1 Knoblauchzehe

1 Zitrone

eine Handvoll frische Basilikum-Blätter

1 Esslöffel braunen Rohrzucker

1 Teelöffel Chili gemahlen

1 Esslöffel Tomatenmark

Rinderfond oder Gemüsefond

Für die Hackbällchen: (ergibt 16 Bällchen)

300 g Rinderhack

150 g Semmelbrösel

2 Eier

Salz, Pfeffer aus der Mühle

Für den Nudelteig:

200 g Mehl

100 g Hartweizengrieß

sehr gutes Olivenöl kalt gepresst

So machst du´s richtig:

1.) Gib das Mehl, den Hartweizengrieß, etwas Olivenöl und die Eier in eine Schüssel oder auf

eine saubere Arbeitsplatte und knete daraus einen geschmeidigen Teig, der nicht mehr klebt.

2.) Gib den Teig für einen Moment zum Ruhen in den Kühlschrank.

3.) Schneide in der Zwischenzeit eine Schalotte in kleine Würfelchen und dünste sie in einer

beschichteten Pfanne glasig.

4.) Gib einen Esslöffel Tomatenmark in die Pfanne dazu.

5.) Schneide die Paradeiser, nachdem du sie gewaschen hast, in je zwei Hälften und gib sie

ebenfalls in die Pfanne.

6.) Schneide den Knoblauch in ganz kleine Würfelchen und gib ihn ebenfalls in die Pfanne.

7.) Lösche mit der Gemüsebrühe ab.

8.) Gib den Saft der Zitrone in die Soße dazu.

9.) Gib auch das Chilipulver in die Soße und lass alles vor sich hin simmern.

10.) Mache aus dem Nudelteig mithilfe einer Nudelmaschine Bandnudeln.

11.) Gib das Hackfleisch, die Semmelbrösel, die Eier und Salz und Pfeffer in eine Schüssel und knete es durch.

12.) Forme daraus 16 Hackbällchen.

13.) Gib sie in die Soße dazu und wende sie ab und zu.

14.) Jetzt kommt etwa sehr Wichtiges: Nimm einen Kartoffelstampfer (mit dem du auch Kartoffelpüree machst) und zerdrücke vorsichtig die Paradeiser.

15.) Setze einen großen Topf mit Salzwasser auf und koche darin die Nudeln.

16.) Wenn die Soße zu stark reduziert ist, kannst du sie mit einem Schöpfer voll Nudelwasser „wieder holen"- so machen es die echten Italiener.

17.) Gib die Nudeln direkt von dem Nudeltopf in die Pfanne und schwenke alles durch.

18.) Schneide das Basilikum klein und gib es auf die Nudeln.

19.) Richte alles auf einem Teller schön an und hoble etwas Parmesan auf den Teller.

20.) Dekoriere mit einem Basilikumzweig.

Kinziger Bulgur-Bratlinge (Kinzig ist ein Ort im Odenwald!)

Das brauchst du:

250 g Bulgur (in unserem Fall war das sogar Buchweizen-Bulgur)

1 große Zwiebel

1 Esslöffel Gemüsebrühe

4 Möhren

2 Eier

4 Esslöffel (Vollkorn)-Mehl

So machst du´s richtig:

1.) Gib das Bulgur in einen Topf.

2.) Koche 250 ml Wasser in einem Wasserkocher auf.

3.) Schütte nun so viel Wasser auf das Bulgur, dass man es gut aufkochen kann.

4.) Gib die Gemüsebrühe dazu und lass das Bulgur nun 3 Minuten kochen.

5.) Nimm das Bulgur vom Herd und lass es 20 Minuten quellen.

6.) Schneide inzwischen die Zwiebel und die Möhren in kleine Würfelchen.

7.) Brate die Zwiebel und die Möhrchen in einer Pfanne mit etwas Öl oder Butterschmalz an.

8.) Gib das Ganze in den Topf mit dem Bulgur.

9.) Gib die Eier und das Mehl ebenfalls in das Bulgur und rühre mit einem Kochlöffel ordentlich

durch.

10.) Forme mit nassen Händen nun 12 gleich große Bratlinge.

11.) Brate die Bratlinge in der Pfanne mit etwas Öl oder Butterschmalz goldbraun an.

12.) Wende die Bratlinge und brate die andere Seite ebenfalls goldbraun an.

Dazu passen Nudeln, Kartoffelpüree und eine dunkle Soße.

Nicht das, was durch den Mund in den Menschen hineinkommt, macht ihn unrein, sondern was aus dem Mund des Menschen herauskommt, das macht ihn unrein" (Matthäus 15,11)

Lachs auf Kartoffelrösti mit selbst gemachter Remoulade

Das brauchst du: (für 2 Personen):

Für die Kartoffelrösti:

6 Kartoffeln

2 Eigelbe

Pfeffer, Salz,

1 Zwiebel

Für den Lachs:

2 Scheiben möglichst frischen oder TK-Lachs mit Haut

Salz, Pfeffer

Kräuter deiner Wahl (Schnittlauch, Basilikum, Petersilie).

Für die Remoulade:

100 ml neutrales Speiseöl

3 Eigelbe

½ Teelöffel Senf

Salz, Pfeffer

1 gekochtes Ei

2 Gewürzgurken

Schnittlauch

1 kleine Zwiebel

So machst du´s richtig:

1.) Schäle und reibe die Kartoffeln mit einer Reibe.

2.) Schneide die Zwiebeln in kleine Würfelchen.

3.) Schneide den Schnittlauch in kleine Würfelchen.

4.) Koche ein Ei ab (so dass es hart gekocht ist).

5.) Schneide die Gurken ebenfalls in kleine Würfelchen.

6.) Gib die beiden Eigelbe in die Schüssel mit den Kartoffelstreifen.

7.) Gib etwas Schnittlauch dazu.

8.) Würze mit Salz und Pfeffer und verrühre das Ganze mit den Händen.

9.) Heize den Backofen auf etwa 120 Grad Oberhitze/Unterhitze vor.

10.) Nimm nun eine Pfanne mit etwas Butterschmalz und gib eine Handvoll des Kartoffelteiges in die Pfanne.

11.) Drücke es mit den Händen platt und brate die Rösti goldbraun von beiden Seiten an.

12.) Nimm sie aus der Pfanne und lege sie kurz auf ein Zewa, so dass das Fett abtropft.

13.) Gib die Rösti auf einen feuerfesten Teller und halte die Rösti im Backofen warm.

14.) Würze den Fisch mit Salz und Pfeffer.

15.) Reibe die Pfanne aus, gib wieder etwas Butterschmalz dazu und brate den Fisch auf der Hautseite scharf an.

16.) Gib nun den Fisch in eine feuerfeste Form und lass ihn ebenfalls im Backofen für etwa 10 Minuten weiter garen.

17.) Mache als Grundlage für die Remoulade eine selbst gemachte Mayonnaise: Dazu musst du die 3 Eigelbe mit dem Schneebesen mehrere Minuten rühren, so dass eine fluffige Masse entsteht.

18.) Würze mit Salz und Pfeffer.

19.) Gib nun den Senf hinzu und rühre nochmals.

20.) Jetzt musst du das Öl tröpfchenweise hinzugeben. Es ist sehr wichtig, dass du das tröpfchenweise machst, sonst „haut die Mayonnaise ab", das heißt, sie gerinnt.

21.) Schneide nun das hart gekochte Ei in kleine Würfelchen und gib es zu der Remoulade dazu.

22.) Gib nun die Gurkenwürfelchen ebenfalls dazu.

23.) Gib etwas Zwiebel dazu und rühre nochmals um.

24.) Gib Schnittlauch dazu und rühre nochmals kurz um.

25.) Richte alles auf einem Teller an, zuerst die Rösti, dann den Fisch und obendrauf Kräuter deiner Wahl, z.B. Schnittlauch oder Basilikum. Die Remoulade sollte in einem extra Schälchen serviert werden.

Sollte die Mayonnaise gerinnen, gibt es einen Trick: Das passiert meistens deshalb, weil das Öl zu schnell in die Eier gegeben wurde. Dann trennen sich die Eier wieder von dem Öl und man sagt, die Mayonnaise ist „abgehauen". Wenn das passiert, kannst du sie trotzdem retten: Gib die geronnene Mayonnaise in eine andere Schüssel. Wasche die erste Schüssel aus und gib ein weiteres Eigelb in diese trockene Schüssel. Schlage dieses Eigelb so auf, wie du es vorher auch gemacht hast. Gib nun die alte Masse mit Öl und Eiern TRÖPFCHENWEISE in dieses neue Ei. Somit sollte alles gerettet sein.

Dies ist, was ihr essen dürft von allem, was im Wasser lebt: Alles, was Flossen und Schuppen hat, dürft ihr essen, was aber weder Flossen noch Schuppen hat, dürft ihr nicht essen, denn es ist euch unrein (1 Mose 1.29)

Lachs an Mango-Chili-Reis

Das brauchst du:

2 Tassen Wildreis (alternativ normaler Reis)

4 Stück Wildlachs oder Kabeljau

1 Mango

2 Chilischoten

1 Zwiebel

1 Stange Lauch

Curry

Salz

Pfeffer

250 ml Gemüsebrühe

1 Dose Kokosmilch

Falls du hast: Etwas geschnittene Petersilie als Garnitur.

So machst du´s richtig:

1.) Schneide eine Zwiebel in kleine Würfelchen.
2.) Dünste die Zwiebel in einem Topf in etwas Butterschmalz an, so dass sie glasig werden.
3.) Gib den Reis dazu und lass ihn ebenfalls kurz anbraten. Immer umrühren!!!!

4.) Gieße immer abwechselnd mit etwas Gemüsebrühe und Kokosmilch auf, so dass immer genügend Flüssigkeit im Reis ist. (Wildreis braucht etwa 45 Minuten, normaler Reis etwa 20 Minuten.

5.) Wasche in der Zwischenzeit deinen Lauch und schneide ihn in kleine Ringe.

6.) Schäle die Mango und schneide sie zunächst längs durch, dann quer, wie auf dem Video zu sehen ist, so dass kleine Würfelchen rauskommen.

7.) Schau immer wieder auf deinen Reis, so dass genügend Flüssigkeit vorhanden ist!

8.) Schneide die Chili durch die Mitte und entferne die Kerne.

9.) Schneide die Chili in kleine Teilchen.

10.) Gib den Lauch, die Mango und die Chili in das Reisgericht.

11.) Würze mit Curry.

12.) Wasche den Fisch ab und trockne ihn mit einem Küchenkrepp ab.

13.) Würze den Fisch mit Salz und Pfeffer auf beiden Seiten.

14.) Bemehle den Fisch ein wenig.

15.) Gib etwas Butterschmalz oder Öl in eine Pfanne und brate den Fisch kross an.

16.) Heize den Backofen auf 120 Grad Oberhitze/Unterhitze vor.

17.) Lass den Fisch im Backofen etwas nachgaren.

18.) Montiere mit etwas Butter das Reisgericht auf.

19.) Richte alles schön an.

Nudel-Lauch-Schnitzel-Lasagne

Das brauchst du (für 4 Portionen):

4 Schnitzel (Pute, Hähnchen oder Schwein)

1 Becher Schlagsahne

1 Packung Bandnudeln

1 Lauch

1 Zwiebel

1 Möhre

250 g Kräuterfrischkäse

250 g geriebenen Käse

150 ml Gemüsebrühe

Pfeffer, Salz, Muskat

So machst du´s richtig:

1.) Koche die Nudeln nach Packungsanweisung al dente.

2.) Tropfe sie ab und gib etwas Butter dazu, damit sie nicht kleben.

3.) Würze in der Zwischenzeit die Schnitzel mit Pfeffer, Salz und Muskat und brate sie in einer Pfanne gut an.

4.) Hülle die Schnitzel in einer Alufolie ein.

5.) Schneide nun die Zwiebeln und dünste sie in der Pfanne an.

6.) Schneide den Lauch in kleine Ringe.

7.) Schneide die Möhren in kleine Würfelchen.

8.) Mache nun die Soße: Gib die Sahne, die Gemüsebrühe und den Kräuterfrischkäse in eine Schüssel und rühre das Ganze mit einem Schneebesen ordentlich durch.

9.) Heize den Ofen auf 250 Grad Oberhitze/Unterhitze vor.

10.) Schichte nun deine „Lasagne": Gib in eine feuerfeste, gebutterte Form zunächst eine Schicht Nudeln.

11.) Gib darauf das Fleisch.

12.) Gib darauf das Gemüse, also den Lauch und die Möhren.

13.) Gib nun den Rest Nudeln darauf.

14.) Schütte nun die Soße auf diese ganze Masse, so dass alles gut verteilt ist.

15.) Gib nun den geriebenen Käse auf diese gesamte Masse.

16.) Gib das Ganze für 15 Minuten in den Ofen, bis der Käse goldbraun geworden ist.

Und Gott sprach: Sehet da, ich habe euch gegeben alle Pflanzen, die Samen bringen, auf der ganzen Erde, und alle Bäume, die Früchte bringen, zu Eurer Speise (1 Mose 1.29)

Odenwälder Köhlerpfännchen

Das brauchst du (für 4 Portionen):

500 g geschnetzeltes Schweine-oder Putenfleisch

1 Paprika rot

eine Handvoll Erbsen (frische oder TK-Ware)

2 Möhren

eine Handvoll grüne Bohnen

250 g Kidney-Bohnen

1 Zwiebel

2 Esslöffel Creme fraiche

250 ml Gemüsebrühe

Knoblauch, Salz, Pfeffer

Butterschmalz zum Anbraten

Tomatenmark

Im Odenwald (besonders in der „Hinterbach" werden im Abstand von 2 Jahren Köhlertage abgehalten, wo man die Köhlerei, ein uraltes Handwerk, noch heute bewundern kann (siehe Bild).

So machst du´s richtig:

1.) Schneide die Zwiebel in kleine Würfelchen.

2.) Schneide das Fleisch in kleine Streifchen (falls es noch nicht geschnitten ist

3.) Schneide die Paprika in kleine Würfelchen.

4.) Schneide den Knoblauch in ganz kleine Würfelchen.

5.) Schneide die Möhren ebenfalls in kleine Würfelchen.

6.) Schneide die grünen Bohnen in kleiner Stücke.

7.) Dünste die Zwiebelwüfel in einer Pfanne mit Buttesrschmalz an.

8.) Gib das Fleisch dazu und brate es ebenfalls gut an.

9.) Gib den Knoblauch und das Tomatenmark hinzu.

10.) Gib nun die Gemüsebrühe dazu.

11.) Gib nun die Bohnen, die Kidneybohnen, die Möhren und die Erbsen hinzu, am Ende auch die Creme fraiche.

13.) Würze mit Salz und Pfeffer. **Dazu passen Nudeln oder auch Semmelknödel oder normale Knödel.**

Ofengemüse mit mariniertem Hähnchenragout

Das brauchst du:

Für das Ofengemüse:

Gemüse deiner Wahl:

Bohnen, Paprika, Tomaten,

Broccoli-Röschen, Champignons,

Zucchini, Kohlrabi, 3-4 Kartoffeln

Pro Person 1 Hähnchenbrustfilet (für die vegetarische Variante lässt du einfach das Fleisch weg).

1 Becher Schlagsahne

250 ml Gemüsebrühe

Salz, Pfeffer, Curry

200 ml neutrales Speiseöl

Für die Broccoli-Cremesuppe:

1 Zwiebel

25o ml Gemüsebrühe

1 Broccoli

Etwas Schlagsahne

So machst du´s richtig:

1.) Stelle zunächst eine Marinade her aus dem Speiseöl, Salz, Pfeffer und Curry.
2.) Schneide die Hähnchenbrustfilets in Würfelchen und mariniere sie in der Marinade.
3.) Bestreiche ein Backblech mit Öl.
4.) Heize den Backofen auf 220 Grad Oberhitze/Unterhitze vor.
5.) Schneide das gesamte Gemüse klein und verteile es nach und nach auf dem Blech.
6.) Schäle die Kartoffeln und schneide sie in Würfelchen.
7.) Gib die Gemüsebrühe auf das Gemüse.
8.) Gib das marinierte Fleisch auf das Gemüse.
9.) Gib das Blech für 40 Minuten in den Backofen.
10.) Nach 20 Minuten Garzeit gibst du 1 Becher Schlagsahne auf die noch übrige Marinade und gibst das Ganze auf das Gemüse.
11.) Mach in der Zwischenzeit die Suppe, indem du zunächst eine Zwiebel in kleine Würfelchen schneidest.
12.) Dünste die Zwiebeln in einem Topf mit etwas Öl oder Butterschmalz an.
13.) Lösche mit der Gemüsebrühe und Wasser ab.
14.) Schneide die Röschen vom Broccoli ab und gib sie in die Suppe.
15.) Wenn die Broccoli weich geworden sind, püriere sie mit einem Pürierstab.
16.) Gib etwas Schlagsahne in die Suppe und schmecke ab.
17.)

Dann ging Jesus mit seinen Jüngern in einen Garten am Ölberg, der Gethsemane heißt. Dort bat er sie: „Setzt euch hierhin und wartet auf mich!" (Matthäus 26.36)

Oberzenter Zwiebel-Schnitzel

Das brauchst du (für 4 Portionen)

4 Hähnchenbrustfilets oder Putenbrustschnitzel

500 g geriebenen Hartkäse (Emmentaler und/oder Parmesan)

2 Zwiebeln

1 Becher Schlagsahne

250 ml Gemüsebrühe

Salz, Pfeffer, Muskat

So machst du´s richtig:

1.) Schneide das Fleisch in kleine Filet-Stückchen.

2.) Heize den Backofen auf 200 Grad Oberhitze/Unterhitze vor.

3.) Würze es mit Salz, Pfeffer und Muskat

4.) Brate es kurz in einer Pfanne mit Butterschmalz an, so dass eine goldbraune Kruste entsteht.

Nicht ganz durchbraten, sonst wird das Fleisch trocken!

5.) Gib das Fleisch in eine feuerfeste Auflaufform.

6.) Schneide die Zwiebeln in Ringe und karamellisiere sie in derselben Pfanne wie das Fleisch an.

7.) Gib die Sahne und die Gemüsebrühe über das Fleisch.

8.) Gib die Zwiebeln ebenfalls über das Fleisch.

9.) Reibe den Käse obendrüber.

10.) Backe das Ganze für 15 bis 20 Minuten auf mittlerer Schiene im Ofen.

Dazu passen Kartoffeln oder Spätzle

Wer reichlich gibt, wird gelabt, und wer reichlich tränkt, der wird auch getränkt werden (Sprüche 11:25)

Polenta-Küchle mit Honig-Senf-Soße

Das brauchst du:

Für die Küchle:

150 ml Gemüsebrühe

150 ml Milch

100 g Polentagrieß (Maisgrieß, es geht aber auch

Hartweizen -oder Weichweizengrieß)

30 g Grüne Oliven oder getrocknete Tomaten (kann man aber auch Beides weglassen)

50 g geriebenen Käse

1 Ei

Etwas geriebene Muskatnuss

Für die Senfsoße:

150 g Joghurt, Schmand oder Quark

1 Teelöffel Honig

2 Teelöffel mittelscharfen oder süßen Senf

Salz, Pfeffer, etwas Olivenöl

Wer mag: 3 hart gekochte Eier, Schnittlauch

So machst du´s richtig:

1.) Koche die Gemüsebrühe in einem Topf auf.

2.) Gib die Milch dazu.

3.) Gib den Maisgrieß dazu und lass das Ganze 5 Minuten quellen (nicht mehr am Herd!)

4.) Schneide die Oliven bzw. die getrockneten Tomaten in kleine Stückchen (du kannst die aber auch ganz weglassen).

5.) Reibe den Käse dazu und gib etwas Muskatnuss dazu.

6.) Gib das Ei dazu und rühre schnell alles nochmals mit den Händen durch.

7.) Forme aus der Masse mit nassen Händen kleine Küchle und backe sie in einer Pfanne heraus.

8.) Stelle sie im Ofen auf 100 Grad Oberhitze/Unterhitze warm.

9.) Mache nun die Senfsoße: Gib den Joghurt bzw. Schmand oder Quark in eine Schüssel.

10.) Gib den Honig, den Senf, etwas Salz, etwas Pfeffer und etwas Olivenöl dazu und rühre um.

11.) Koche, wenn du magst, 3 Eier hart und schneide sie in Viertel.

12.) Schneide den Schnittlauch in Röllchen und gib ihn als Garnitur auf den Teller, ebenso die Eier.

Siehe, ich stehe vor der Tür und klopfe an. Wenn jemand meine Stimme hören wird und die Tür auftun, zu dem werde ich hineingehen und das Abendmahl mit ihm halten und er mit mir.

(Offenbarung 3.20)

Quarknockerl an Mangold-Soße

Das brauchst du (für 4 Portionen:

Für die Nockerl:

250 g Quark

225 ml Gemüsebrühe

125 g Hartweizengrieß

Eine Handvoll Schnittlauch

1 Ei

Für die Mangold-Soße:

4-5 Stangen Mangold (alternativ 1 Lauchstange,

falls ihr keinen Mangold mehr bekommt)

1 Becher Schlagsahne

1 Zwiebel

250 ml Gemüsebrühe

So machst du´s richtig:

1.) Koche die Gemüsebrühe für die Nockerl in einem Topf auf.
2.) Gib den Grieß dazu, rühre um und nimm den Topf vom Herd.
3.) Gib den Quark, das Ei und den geschnittenen Schnittlauch dazu und rühre kräftig um.
4.) Setze einen Topf mit Salzwasser auf.
5.) Wenn das Wasser kocht, drehe es herunter, dass es nur noch leicht siedet.
6.) Forme mithilfe von 2 Esslöffeln Nocken und gib sie in den Topf.
7.) Lass die Nocken für 15 bis 20 Minuten simmern. Sie sind dann fertig, wenn sie hochkommen und oben schwimmen.
8.) Mache nun das Gemüse: Wasche und schneide den Mangold, indem du die Blätter von den Stielen trennst.
9.) Schneide die Stiele und die Blätter klein, hebe sie aber separat auf.
10.) Hast du Lauch, dann schneide den Lauch in kleine Scheibchen.
11.) Schneide eine Zwiebel in kleine Würfelchen und dünste sie in einer Pfanne an.
12.) Gib die Mangoldstiele dazu (oder den Lauch)
13.) Lösche mit Gemüsebrühe ab.
14.) Gib die Sahne dazu.
15.) Gib nun die Blätter des Mangolds, die du auch geschnitten hast, dazu.
16.) Richte alles schön auf Tellern an.

Und Esra sprach zu ihnen: Geht hin und esst fette Speisen und trinkt süße Getränke und sendet davon auch denen, die nichts für sich bereitet haben; denn dieser Tag ist heilig unserm Herrn. Und seid nicht bekümmert; denn die Freude am HERRN ist eure Stärke. (Nehemia 8.10)

Quarkbällchen mit Rote-Bete-Gemüse an Meerettich-Schnittlauchsoße

Das brauchst du:

Für die Quarkbällchen:

600 g durchgedrückte Pellkartoffeln

200 g Magerquark (am besten

durch ein Küchentuch trocken gedrückt)

1 ganzes Ei

3 Eigelbe

100 g Mehl

Salz, Pfeffer, Muskat, Zucker

1 Teelöffel Kurkuma

500 ml Orangensaft

1 Esslöffel Kartoffelmehl

Für das Rote-Bete-Gemüse:

500 g gekochte und geschälte

Rote Bete

1 Zwiebel

100 ml Orangensaft

gemahlenen Kümmel, gemahlenen Anis,

Salz, Pfeffer, etwas Zucker

Für die Meerrettich-Schnittlauch-Soße:

500 ml Gemüsebrühe, 200 ml Sahne ,50 g Butter

1 Esslöffel Mehl, 2 Esslöffel Sahnemeerrettich aus dem Glas

Schnittlauch, Salz, Pfeffer, etwas Zucker

So machst du´s richtig:

1.) Koche die Kartoffeln, pelle sie und drücke sie durch eine Kartoffelpresse.

2.) Gib den Quark, die Eier, die Eigelbe, einen Großteil des Mehls und das

Kartoffelmehl dazu und knete das Ganze zu einem geschmeidigen Teig, der so griffig

ist, dass du daraus Nockerl stechen kannst.

3.) Würze mit Salz, Pfeffer, Muskat und etwas Zucker.

4.) Stelle einen Topf mit reichlich Salzwasser auf und bring es zum Kochen.

5.) Gib den Orangensaft dazu.

6.) Steche nun mithilfe eines Löffels und deiner Hand Nockerl ab und gib sie in das

Wasser. Du musst darauf achten, dass das Wasser nur noch „simmert", also nicht m mehr richtig aufkocht, sonst zerfallen deine Nockerln.

7.) Lass die Nockerln nun für 20 Minuten simmern.

8.) Koche nun die Rote Bete und schneide sie in Scheibchen.

9.) Nimm dazu Gummihandschuhe und gib auf das Schneidebrett unbedingt etwas

Frischhaltefolie, denn die rote Farbe bleibt auf Hand und Brett für ewig haften.

10.) Schneide die Zwiebel in kleine Würfelchen.

11.) Dünste die Zwiebelwürfelchen mit etwas Öl in einer Pfanne an.

12.) Gib die Rote Bete dazu.

13.) Lösche mit 100 ml Orangensaft ab.

14.) Würze mit Kümmel, Anis, Salz, Pfeffer und etwas Zucker.

15.) Lass das Ganze reduzieren, bis fast keine Flüssigkeit mehr da ist.

16.) Mache nun die Meerettich-Schnittlauch-Soße: Knete die weiche Butter und den Esslöffel Mehl gut zusammen.

17.) Koche nun einem Topf die Gemüsebrühe auf.

18.) Gib nun die Mehlbutter hinein und rühre ständig!

19.) Gib den Meerrettich hinein.

20.) Würze mit Salz, Pfeffer und etwas Zucker.

21.) Schneide den Schnittlauch in Röllchen und gib ihn in die Soße.

22.) Richte alles schön auf einem Teller an.

So geh hin und iss dein Brot mit Freuden, trink deinen Wein mit gutem Mut; denn dein Tun hat Gott schon längst gefallen. (Prediger 9.7)

Spargel-Tarte

Das brauchst du für 4 Personen:

500 g grünen Spargel

1 Blätterteig oder wahlweise 1 Pizzateig aus dem Kühlregal

einen halben Becher Schlagsahne

2-3 Eier

1 Becher Schmand

Salz, Pfeffer

geriebenen Parmesan

So machst du´s richtig:

1.) Heize den Backofen auf 200 Grad Oberhitze/Unterhitze vor.
2.) Schäle den Spargel von der Hälfte ab nach unten und schneide die unteren Enden ab.

3.) Gib die Eier, den Parmesan, den Schmand, die Schlagsahne in eine Schüssel und rühre das Ganze mithilfe eines Schneebesens glatt.

4.) Würze mit Salz und Pfeffer

5.) Rolle den Teig aus und gib die Eiermasse, eine so genannte "Royal", auf den Teig.

6.) Verteile den Spargel und, wenn du hast, Gemüse der Saison auf dem Teig.

7.) Gib noch etwas Parmesan obendrauf.

8.) Backe das Ganze für etwa 35 Minuten auf mittlerer Schiene.

Skrei im Kartoffelmantel an Blattspinat

Das brauchst du (für 4 Personen):

4 Stücke Skrei (Es geht aber auch JEDER andere Fisch!)

1 Esslöffel Creme fraiche, creme double oder Schmand

Schlagsahne (optional)

50 g Senf

Salz

Pfeffer

Geriebene Muskatnuss

2 Zwiebeln

5 Kartoffeln

200- 300 g frischen Blattspinat oder Babyspinat

Optional: kleine Cocktailtomaten

So machst du´s richtig:

1.) Wasche den (aufgetauten) Fisch und würze ihn mit Salz und Pfeffer.

2.) Schneide die Zwiebeln in kleine Würfelchen.

3.) Schäle die Kartoffeln und reibe sie mit einer Reibe, als würdest du Rösti machen.

4.) Drücke die zerkleinerten Kartoffeln mit der Hand aus, so dass die Flüssigkeit rausgeht.

5.) Gib die Kartoffeln in eine Schüssel und würze mit Salz, Pfeffer und Muskatnuss.

6.) Gib die Hälfte der Zwiebeln ebenfalls in die Kartoffelmasse.

7.) Heize den Backofen auf 200 Grad Oberhitze/Unterhitze vor.

8.) Mache ein Backblech mit Backpapier bereit.

9.) Gib die Creme Fraiche bzw. den Schmand dazu.

10.) Gib den Senf dazu.

11.) Rühre alles mit den Händen kräftig um.

12.) Gib den Fisch auf das Backblech.

13.) Verteile die Kartoffelmasse auf dem Fisch.

14.) Gib den Fisch für 35 Minuten auf mittlerer Schiene in den Ofen.

15.) Mache nun den Spinat: Wasche den Spinat.

16.) Gib die restlichen Zwiebeln in eine Pfanne mit Öl oder Butterschmalz und dünste sie glasig an.

17.) Gib den Spinat dazu und würze mit Salz, Pfeffer und Muskatnuss.

18.) Wenn du Cocktailtomaten dazu nimmst, schneide sie nach dem Waschen in der Mitte durch und gib sie ebenfalls in die Pfanne, damit sie etwas abschmelzen.

19.) Lösche mit etwas Schlagsahne oder dem Rest der Creme fraiche ab.

20.) Richte alles schön auf einem Teller an.

Semmelknödel mit Pilzsoße

Das brauchst du (für 7-8 Semmelknödel), also 4 Portionen:

Für die Semmelknödel:

5-6 altbackene Brötchen (etwa 250 g Brötchen

250 ml Milch

Salz, Pfeffer

2 Eier

Muskatnuss

1 Zwiebel

Petersilie

Für die Soße:

500 g Champignons oder andere Pilze (wenn ihr wollt)

1-2 Zwiebeln, je nachdem, ob ihr eine reine Zwiebelsoße macht oder eine Pilzsoße

1 Becher Schlagsahne

250 ml Gemüsebrühe

1 Löffel braunes Soßenpulver

Für den Salat:

1 Kopfsalat oder Salat deiner Wahl

6 Esslöffel neutrales Speiseöl

3 Esslöffel Essig

Salz, Pfeffer

Eine Prise Zucker

Etwas kaltes Wasser

1 Zwiebel

So machst du´s richtig:

1.) Schneide die Brötchen in kleine Würfelchen und gib sie in eine große Schüssel.
2.) Mache die Milch lauwarm (im Mikrowellenherd) und gib sie auf die Brötchen.
3.) Gib die Eier hinein.
4.) Würze mit Salz, Pfeffer und Muskatnuss.
5.) Schneide die Petersilie klein und gib sie ebenfalls hinein.
6.) Schneide eine Zwiebel in kleine Würfelchen und dünste sie mit etwas Öl glasig an.
7.) Gib die Würfelchen ebenfalls in den Brötchenteig.
8.) Rühre nun alles kräftig durch und lass den nun entstandenen Knödelteig einige Minuten durchziehen.
9.) Setze einen großen Topf mit Salzwasser auf.
10.)   Forme nun aus dem Knödelteig mit nassen Händen etwa 8 gleich große Knödel.
11.)   Gib sie dann in das Salzwasser. Achte darauf, dass es nur noch siedet, nicht mehr sprudelnd kocht. Sonst zerfallen die Knödel.

12.) Wenn du eine Pilzsoße machst, schneide nun die Pilze klein.

13.) Schneide die Zwiebel in kleine Würfelchen.

14.) Dünste die Zwiebel in dem Topf an, in dem du vorher die andere Zwiebel ebenfalls angedünstet hast. Du kannst es auch so machen, dass du 3 Zwiebeln sofort andünstest, dann ein Drittel der Zwiebeln in den Semmelknödelteig gibst und zwei Drittel im Topf belässt für die Soße. Die vierte Zwiebel brauchst du für den Salat.

15.) Gib nun die Pilze hinein und lass sie mitdünsten.

16.) Lösche mit der Gemüsebrühe ab.

17.) Wenn du die Soße dicker haben willst, binde sie mit einem Löffel voll braunem Soßenpulver ab.

18.) Verfeinere mit der Schlagsahne.

19.) Nimm die Knödel aus dem Topf (sie brauchen etwa 20 Minuten).

20.) Wenn du die Soße noch nicht fertig hast, kannst du die Knödel rausholen, in eine feuerfeste Form geben und im Backofen bei 100 Grad Oberhitze /Unterhitze warm halten.

21.) Wasche und zerkleinere nun deinen Salat.

22.) Gib in die Salatschüssel die Würfelchen der rohen Zwiebel.

23.) Gib das Öl, den Essig, etwas Salz, etwas Pfeffer, etwas Zucker in die Salatschüssel und etwas kaltes Wasser.

24.) Schmecke die Vinaigrette ab.

25.) Gib nun die Salatblätter in die Salatschüssel und serviere das gesamte Gericht.

Susi´s Party-Käse-Cracker

Du brauchst:

2 Teelöffel Paprikapulver

400 g Mehl

1 Päckchen Backpulver

 1 Teelöffel Salz

300 Gramm weiche Butter oder Margarine

200 Gramm geriebenen Käse (Gouda, Emmentaler oder Bergkäse-
Ganz wie du magst)

1 Ei

Sesam und/ oder Mohn zum Bestreuen, 1 weiteres Eigelb

So machst du´s richtig:

1.) Backofen vorheizen auf 200 Grad Ober/Unterhitze

2.) Gib das Mehl auf eine saubere Arbeitsfläche.

3.) Drücke in das Mehl eine Mulde und gib das Ei hinein

4.) Gib alle anderen Zutaten dazu und knete mit den Händen oder
mit dem Knethaken deines Rührgeräts einen geschmeidigen Teig.
Er fühlt sich, wenn du es richtig gemacht hast, wie
ein Plätzchenteig an. Er schmeckt nur anders.

5.) Rolle den Teig nun mit einem Nudelholz aus (auch wie bei einem Plätzchenteig)

6.) Steche mit Ausstechformen deiner Wahl Cracker aus und lege sie auf ein Backblecht, das du vorher mit Backpapier ausgelegt hast.

7.) Verquirle das Eigelb nun und pinsle es auf die Cracker.

8.) Nun kannst du nach Belieben Sesamkörner, Mohn oder gar nichts draufstreuen.

9.) Backe die Cracker ca. 12 Minuten goldbraun.

10.) Lass sie auskühlen und gib sie in eine Dose. So halten sie sich tagelang frisch.

Schweizer Schnitzel

Das brauchst du (für 4 Personen):

4 Schnitzel (Pute oder Schwein)

Mehl, 1 Ei, Paniermehl

Geriebenen Käse deiner Wahl oder Camembert

Salz, Pfeffer, geriebene Muskatnuss

7-8 kleinere Kartoffeln

Paprikapulver

Chiliflocken

Etwas Öl

2 frische Paprika

1 Zwiebel

So machst du´s richtig:

1.) Wasche deine Kartoffeln in kaltem Wasser.
2.) Schneide die Kartoffeln in je 4 Teile und gib sie in eine Schüssel.
3.) Gib 2 Esslöffel Öl in die Schüssel dazu.
4.) Gib 2 Teelöffel Salz und einen Teelöffel Pfeffer dazu.
5.) Gib etwas Chiliflocken und Pn Händen durch.
6.) Lege die Kartoffeln mit der Schale nacaprikapulver dazu.
7.) Mische das Ganze mit de
8.) h unten auf ein Blech.

9.) Gib das Ganze für mindestens 45 Minuten bei 190 Grad Oberhitze/Unterhitze in den Backofen.

10.) Wasche die Schnitzel unter kaltem Wasser und mache sie mit einem Küchenkrepp trocken.

11.) Würze die Schnitzel auf beiden Seiten mit Salz und Pfeffer.

12.) Würze die Schnitzel (dieses Mal aber nur auf einer Seite) mit geriebener Muskatnuss.

13.) Mache dir eine Panierstraße zurecht mit Mehl, geschlagenem Ei und Paniermehl.

14.) Paniere die Schnitzel.

15.) Backe die Schnitzel in einer Pfanne mit Butterschmalz oder Öl goldbraun aus.

16.) Tupfe die fertigen Schnitzel mit etwas Küchenkrepp ab.

17.) Lege die Schnitzel in eine feuerfeste Form.

18.) Gib den geriebenen Käse bzw. die Camembert-Scheiben auf die Schnitzel.

19.) Gib die Schnitzel ebenfalls für etwa 20 Minuten noch einmal in den Backofen.

20.) Schneide die Zwiebel für das Paprikagemüse in feine Scheiben.

21.) Schneide die Paprika in feine Streifen, nachdem du das Kerngehäuse entfernt hast.

22.) Dünste die Zwiebel in einem Topf mit etwas Öl oder Butterschmalz glasig.

23.) Gib die Paprikastreifen dazu und dünste sie ebenfalls mit.

24.) Würze das Gemüse mit etwas Salz und Pfeffer.

Teriyaki-Lachs an sautierten Zuckerschoten

Das brauchst du:
für die Lachsbeize:

2 Lachsfilets
8 Esslöffel Teriyaki-Soße (alternativ Sojasoße dunkel)
2 Esslöffel weißer Sesam
2 Teelöffel Ingwerpulver
2 Teelöffel Speisestärke
etwas Salz
Für die Bandnudeln:
150 g Weizenmehl
150 g Hartweizengrieß
2 Eier
1 Esslöffel Olivenöl
für die Zuckerschoten:
Sesamöl
50 g gesalzene Erdnüsse
250 g Zuckerschoten
Salz
1 gelbe oder rote Chili
Saft einer Limette

So machst du´s richtig:

1.) Stelle zunächst die Beize für den Lachs her. Nimm
dazu eine längliche kleine Schüssel, in
die auch der Lachs reinpasst.
2.) Gib die Teriyakisoße, den Sesam, den Ingwer, die
Speisestärke und etwas Salz in die
Schüssel und lege den Lachs vorsichtig hinein. Schwenke
ihn ein paar Mal, so dass er von

allen Seiten von der Marinade bedeckt ist.

3.) Mach nun die Bandnudeln: Gib das Mehl, den Hartweizengrieß und die Eier sowie das Olivenöl in eine Schüssel und knete den Teig durch. Lass ihn nun durch die Nudelmaschine.

Alternativ kannst du den Teig auch ausrollen und Bandnudeln schneiden.

4.) Schneide nun die Fäden der Zuckerschoten ab. Dazu nimmst du jeweils das Ende einer Zuckerschote und schneidest das Ende an, dann kannst du den Faden jeweils rausziehen.

5.) Schneide dann die Zuckerschoten in längliche Stücke.

6.) Schneide eine rote oder gelbe Chili in kleine Stückchen.

7.) Setze nun einen Topf mit heißem Wasser auf und koche die Bandnudeln. Sie sind in 3 Minuten fertig.

8.) Gib etwas Sesamöl in eine Pfanne und brate die Zuckerschoten, die Chili und die Erdnüsse kurz an (so etwas nennt man „sautieren"). Die Schoten sollen noch knackig bleiben.

9.) Brate nun in einer Extrapfanne den Lachs von jeder Seite 2 Minuten an.

10.) Richte alles auf einen Teller. Alternativ kannst du die Nudeln auch in der Zuckerschotenpfanne mit den Schoten durchschwenken. Dann ist die Anrichte aber eine etwas andere als auf dem Bild.

11.) Schmecke mit Limettensaft ab.

Der aber Samen gibt dem Sämann und Brot zur Speise, der wird auch euch Samen geben und ihn mehren und wachsen lassen die Früchte eurer Gerechtigkeit. (2. Korinther 9:10)

Wurstsalat Finkenbacher Art

Das brauchst du:

300 g Lyoner (Huhn, Pute oder Schwein)

5-6 Cornichons

1 rote Zwiebel

1 Esslöffel mittelscharfen Senf

3 Esslöffel Weißweinessig

1 Esslöffel Cornichons-Sud (also das Wasser der Cornichons)

Salz

Pfeffer

etwas Schnittlauch

etwas Petersilie

50 ml Wasser

Für einen Schweizer Wurstsalat brauchst du noch 60-70g Emmentaler

So machst du´s richtig:

1.) Schneide die Wurst in lange, dünne Streifen und gib sie in eine Schüssel.

2.) Schneide die Cornichons in kleine Würfelchen und gib sie zu der Wurst in die Schüssel.

3.) Schneide die Zwiebel in kleine Würfelchen und gib sie ebenfalls in die Schüssel.

4.) Gib den Senf, den Essig, den Cornichons-Sud und das Wasser dazu und rühre um.

5.) Für einen Schweizer Wurstsalat musst du den Emmentaler so in Streifen schneiden wie die Wurst.

6.) Würze mit Salz und Pfeffer.

7.) Schneide die Petersilie und den Schnittlauch klein und gib ihn ebenfalls dazu.

8.) Rühre um und serviere, am besten mit Brot und etwas Butter.

Zucchini-Piccata

Das brauchst du für 4 Portionen:

3-4 mittlere Zucchini

4 Eier

4-5 Esslöffel Mehl

5 Esslöffel Paniermehl

Salz, Pfeffer,

1 Teelöffel Paprikapulver

150 g geriebenen Käse

Butterschmalz zum Anbraten

So machst du´s richtig:

1.) Ritze mit einer Gabel Streifen in die Zucchini.

2.) Schneide das ober und das untere Ende der Zucchini ab.

3.) Schneide die Zucchini in Scheiben.

4.) Salze und pfeffere die Zucchini-Scheiben von beiden Seiten.
5.) Mache eine Panierstraße mit 2 Behältern: In den einen Behälter kommen die Eier, der Käse, das Paprikapulver und der Käse.

6.) Verquirle alles miteinander.

7.) In den anderen Behälter kommen das Mehl und das Paniermehl, das du auch durchmischen musst.

8.) Wälze die Zucchini-Scheiben zuerst im Mehl-Gemisch, dann im Ei-Gemisch.

9.) Nimm eine Pfanne und gib reichlich Butterschmalz (oder Öl) dazu und erhitze das Ganze. Nun kannst du die Zucchini ausbacken.

10.) Du kannst nun die fertigen Zucchini im Ofen bei 120 Grad Oberhitze/Unterhitze warmhalten. Am besten eignen sich ein Salat und Salzkartoffeln als Beilage.

Zwiebel-Quiche

Das brauchst du:

2 Zwiebeln
2 Eier
Salz
50 ml Olivenöl oder neutrales Öl
200 g Mehl
7 g Trockenhefe
60 ml lauwarmes Wasser
Wahlweise geschnittenen Lauch
Schnittlauchröllchen

So machst du´s richtig:

1.) Heize den Backofen auf 180 Grad Oberhitze/Unterhitze vor.
2.) Öle eine Quicheform ein bzw. lege sie mit Backpapier aus.
3.) Schneide die Zwiebeln in Ringe oder, wenn du willst, in kleine Würfelchen.
4.) Gib die Zwiebeln in eine Schüssel.
5.) Gib das Mehl, etwas Salz, ein Ei, das Olivenöl, die Trockenhefe und das Wasser ebenfalls in
die Schüssel und vermische das Ganze mit den Händen.
6.) Wenn du Lauch hineingeben möchtest, dann schneide den Lauch in Röllchen und mische ihn
ebenfalls unter.
7.) Gib diesen Teig in die Quicheform.
8.) Bepinsle die Quiche mit dem zweiten Ei, das du vorher mit einer Gabel verrührt hast.
9.) Backe das Ganze im Backofen für 40 Minuten.
10.) Schneide in der Zwischenzeit den Schnittlauch in Röllchen.
11.) Nimm die Quiche aus dem Ofen und bestreue sie mit dem Schnittlauch.

Desserts, Kuchen und Torten

Biskuitrolle mit Erdbeersahne

Das brauchst du:

3 Eigelb
3 Eiweiß
3 Esslöffel heißes Wasser
100 g Zucker
60 g Kartoffelmehl
50 g normales Mehl
Für die Erdbeersahne:
500 g Erdbeeren
1 Becher Schlagsahne

So machst du´s richtig:

1.) Trenne die Eier.
2.) Schlage das Eigelb mit dem heißen Wasser mehrere Minuten lang schaumig.
3.) Gib die Hälfte des Zuckers dazu und schlage nochmals mehrere Minuten.
4.) Schlage nun mit sauberem Rührfix das Eiweiß fest.
5.) Gib den restlichen Zucker dazu und schlage nochmals so lange, bis sich der Zucker aufgelöst hat.
6.) Heize den Backofen auf 180 Grad Oberhitze/Unterhitze vor.
7.) Mische das Kartoffelmehl mit dem normalen Mehl durch.
8.) Siebe dieses Gemisch auf die Eigelbmasse.
9.) Gib die Eiweißmasse darauf und rühre mit einem Gummispatel alles durch.
10.) Bereite ein Backblech mit Backpapier vor.

11.) Gib die Biskuitmasse auf das Backblech und backe das Ganze auf mittlerer Schiene GENAU 12 Minuten.

12.) Nimm den Biskuit aus dem Ofen und stürze ihn mit dem Backpapier nach oben auf ein Blech.

13.) Nimm einen Pinsel und etwas heißes Wasser und bepinsele das Backpapier, so dass es sich
leichter vom Biskuit lösen kann.

14.) Löse das Backpapier vorsichtig vom Biskuit.

15.) Schneide in der Zwischenzeit die Erdbeeren und schlage die Sahne fest.

16.) Wenn der Biskuit kalt ist, kannst du die Sahne und die Erdbeeren auf den Biskuit geben und
vorsichtig rollen.

Biskuitboden für Erdbeertorte oder andere Fruchttorten

Das brauchst du:

3 Eiweiß

3 Eigelb

3 Esslöffel heißes Wasser

60 g Kartoffelmehl

50 g Mehl

100 g Zucker

So machst du´s richtig:

1.) Heize den Backofen auf 180 Grad Oberhitze/Unterhitze vor.

2.) Bebuttere und bemehle eine Biskuit-Boden-Form.

3.) Trenne die Eier in Eigelb und Eiweiß und schlage das Eiweiß fest.

4.) Gib die Hälfte des Zuckers in das Eiweiß und schlage nochmals mit dem Rührgerät.

5.) Gib in eine andere Schüssel die Eigelbe mit dem heißen Wasser und rühre ebenfalls mit

einem Rührgerät schaumig.

6.) Gib den restlichen Zucker dazu und rühre nochmals mehrere Minuten.

7.) Gib das Kartoffelmehl und das Mehl in eine dritte Schüssel und mische es mit einem Löffel kräftig durch.

8.) Siebe das Mehlgemisch in die Eigelbmasse.

9.) Gib das Eiweiß dazu und rühre (nicht mehr mit einem Rührgerät!) mit einem Gummispatel alles durch.

10.) Gib alles in die Biskuitform und backe den Biskuitboden für 20 Minuten auf mittlerer Schiene.

Birnen-Schoko-Dessert

Das brauchst du:

1 Becher Schlagsahne

1 Becher Mascarpone

4 -5 Birnen

4 Esslöffel Zucker

1 Tafel Schokolade deiner Wahl

1 Packung Löffelbiskuits

Wenn du hast: etwas geriebene Tonkabohne

Krokant

So machst du´s richtig:

1.) Schäle die Birnen und schneide sie in Viertel.
2.) Entferne das Kerngehäuse und schneide die Birnen in kleine Stückchen.
3.) Gib die Birnen mit etwas Wasser und 2 Esslöffel Zucker in einen Topf und koche die Birnen weich.
4.) Bring die Hälfte der Schokolade in einem Wasserbad zum Schmelzen.
5.) Schlage die Sahne fest.
6.) Gib den Mascarpone und 2 Esslöffel Zucker hinzu und rühre nochmals.
7.) Wenn du hast, reibe eine halbe Tonkabohne in die Creme.
8.) Gib die Schokolade dazu und rühre nochmals.

9.) Wenn die Birnen erkaltet sind, gib sie in eine
Glasschüssel.
10.) Schichte dann die Löffelbiskuits darauf.
11.) Gib die Schokosahne darauf.
12.) Reibe die restliche Schokolade oben auf das
Dessert.
13.) Gib den Krokant ebenfalls oben auf das Dessert.

Dattel-Bananen-Törtchen (ohne Mehl)

Das brauchst du:

200 g gemahlene Mandeln bzw. Mandelmehl

2 Teelöffel Backpulver

5 Esslöffel Kakao

Etwas Zimt

3 Eier

1 reife Banane

150 g Datteln

Evtl. etwas Milch

So machst du´s richtig:

1.) Entkerne die Datteln (alternativ kannst du Datteln kaufen, die bereits entkernt sind.

2.) Überbrühe sie mit heißem Wasser und lasse die Datteln 15 Minuten quellen.

3.) Heize den Backofen auf 180 Grad Oberhitze/Unterhitze vor.

4.) Rühre in der Zwischenzeit die 3 Eier schaumig.

5.) Schütte nun den Großteil des Dattelwassers ab. Einen kleinen Teil musst du bei den Datteln lassen.

6.) Nimm nun einen Pürierstab und püriere die Datteln zu einem Püree.

7.) Gib die Banane hinein und püriere nochmals.

8.) Gib nun das Püree in die Eiermasse.

9.) Mische das Backpulver und das Mandelmehl und gib dieses Gemisch ebenfalls in die

Eiermasse.

10.) Gib den Kakao und den Zimt dazu und rühre das Ganze zu einem Teig.

11.) Falls notwendig, musst du etwas Milch in den Teig geben (falls er zu fest sein sollte).

12.) Gib den Teig in Muffinformen und backe ihn für 20 Minuten.

13.) Lass die Törtchen kalt werden und nimm sie aus den Formen.

Erdbeer-Tiramisu

Das brauchst du:

1 Becher Mascarpone

1 Becher Ricotta

Etwas Milch oder Kokosmilch

50 g Puderzucker

7-8 Raffaelo-Kügelchen

Löffelbiskuits

1 Becher frische Erdbeeren

So machst du´s richtig:

1.) Wasche die Erdbeeren und schneide sie in kleine Stückchen.

2.) Gib den Mascarpone, den Ricotta, den Puderzucker und etwas Milch bzw. Kokosmilch in eine

Schüssel und verrühre das Ganze mit einem Handrührgerät.

3.) Tränke die Löffelbiskuits in Kokosmilch und gib eine Schicht dieser Biskuits in eine Glasschüssel.

4.) Gib nun etwas weniger als die Hälfte der Creme auf die Biskuits.

5.) Gib eine zweite Schicht Biskuits darauf.

6.) Gib nun die Hälfte der Erdbeeren auf die Biskuits.

7.) Zerdrücke die Raffaelo in einer anderen Schüssel und gib sie komplett auf die Erdbeeren.

8.) Gib nun den Rest der Creme auf die Raffaello-Schicht.

9.) Am Ende musst du den Rest der Erdbeeren auf der Creme verteilen.

10.) Wenn du willst, kannst du das Ganze mit ein paar Minz- oder Zitronenmelisseblättern garnieren.

Erdbeer-Quark-Dessert

Das brauchst du: (für 4 Portionen)

1 Becher Magerquark

1 Becher Schlagsahne

1 kleinen Becher Mascarpone

100 g Puderzucker

Mark einer Vanillestange

500 g Erdbeeren

Zerbröselte Meringen

Zitronenmelisse zum Dekorieren

So machst du´s richtig:

1.) Schlage die Sahne fest.

2.) Gib den Quark, die feste Sahne und die Mascarpone in eine größere Schüssel.

3.) Gib den Puderzucker und das Vanillemark dazu und rühre mit einem Handrührgerät durch.

4.) Putze die Erdbeeren und schneide sie in kleine Stückchen. Hebe dabei ein paar Erdbeeren zum Dekorieren auf.

5.) Hebe die geschnittenen Erdbeeren vorsichtig in die Quarkmasse.

6.) Dekoriere mit den restlichen Erdbeeren und der
Zitronenmelisse.

Finkenbacher Welle

Das brauchst du:

2-3 Gläser Quittenmarmelade

2 Päckchen Löffelbiskuits

80 g Puderzucker

500 g griechischen Joghurt

Abrieb einer Tonkabohne

Schokoraspel

Frisch gebrühten Kaffee und optional Orangenlikör oder Amaretto

So machst du´s richtig:

1.) Gib den Likör und den Kaffee in ein Glasschälchen und tränke die Löffelbiskuits kurz darin.

2.) Nimm eine Glasschüssel und reihen die Biskuits aneinander wie bei einem Tiramisu.

3.) Gib nun eine Lage der Quittenmarmelade darauf.

4.) Mach wieder eine Lage Löffelbiskuits.

5.) Rühre den Joghurt, den Zucker und die geriebene Tonkabohne in einer Schüssel kurz auf.

6.) Gib diese Masse als Letzes auf die Biskuits, so dass von außen eine Wellenform entsteht, wie du auf dem Bild sehen kannst.

7.) Streue am Ende Schokoraspel oben auf.

Geeister Waldbeeren-Limetten-Quark

Das brauchst du (für 4 Portionen):

500 g Magerquark

Abgeriebene Schale einer Limette

Waldbeeren tiefgefkühlt

80 g Zucker

Haselnusskrokant

Minze zur Dekoration

So machst du´s richtig:

1.) Gib die noch tiefgekühlten Beeren in eine Schüssel.

2.) Hebe einige Beeren für die Dekoration auf.

3.) Gib den Quark in eine andere Schüssel und reibe Limettenzesten hinein.

4.) Gib den Zucker dazu und rühre alles mit einem Schneebesen durch.

5.) Gib den Quark auf die Beeren.

6.) Gib den Krokant als Abschluss auf den Quark und dekoriere mit den übrigen Beeren und der

Minze.

Herbstlicher Apfelauflauf (schmeckt auch im Sommer!)

Das brauchst du (für 4 Portionen):

3 Äpfel

500 ml Milch

80 g Butter

100 g Zucker

4 Eier

180 g Mehl

Etwas Vanille oder Vanilleextrakt

Einen Schluck Rum

So machst du´s richtig:

1.) Schäle die Äpfel und lege sie in Zitronenwasser.
2.) Gib die Eier in eine Schüssel und rühre sie schaumig.
3.) Siebe das Mehl hinzu und rühre nochmals.
4.) Gib die Vanille bzw. das Vanilleextrakt hinzu und rühre nochmals kurz um.
5.) Gib die Milch, den Zucker und die Butter in einen Topf und erhitze alles, bis sich die Butter und der Zucker aufgelöst haben.
6.) Gib das Ganze ebenfalls in die Eiermasse und rühre um (auf kleiner Stufe, sonst kannst du die Küche neu tapezieren).

7.) Heize den Backofen auf 180 Grad Oberhitze/Unterhitze vor.

8.) Nimm eine Auflaufform und pinsle sie mit Butter aus.

9.) Gib den Teig in die Auflaufform.

10.) Gib die Äpfel darüber.

11.) Backe alles im Ofen für etwa 40 Minuten.

12.) Hole den Auflauf aus dem Ofen und garniere ihn mit Puderzucker.

Dazu passt sehr gut eine Vanillesoße.

Island in Paradise

Das brauchst du (für etwas 6 Portionen):

500 g Quark oder griechischen Joghurt

250 g Mascarpone

5 Esslöffel Puderzucker, alternativ nach Geschmack mit Honig süßen

1 Mango

etwas Wasser zum Kochen der Mango

Saft und Zesten einer Limette oder Zitrone

So machst du´s richtig:

1.) Schäle die Mango mit einem Sparschäler

2.) Schneide die Mango zunächst der Länge nach mehrmals durch.

3.) Schneide nun die Mango mehrmals quer durch

4.) Schneide nun am Fruchtfleisch entlang, so dass sich Fruchtquadrate bilden. Diese fallen

manchmal sogar von selber von der Mango:

5.) Gib nun die Mango in einen kleinen Topf, gib etwas Wasser dazu und koche die Mango etwa 10 Minuten lang weich

6.) Nimm eine Schüssel, gib den Quark bzw. den Joghurt, den Mascarpone, den Zucker und den Zitronensaft hinein und rühre mit einem Handrührgerät durch.

7.) Wenn du willst, kannst du die Mango mit einem Pürierstab etwas durchpürieren, aber nur so lange, dass noch Stückchen zu erkennen sind.

8.) Richte alles schön auf einem Teller an und reibe noch einige Limettenzesten drüber.

Johannisbeer-Vanilletorte

Das brauchst du:

für den Biskuitboden:

6 Eigelb,

6 Eiweiß, 6 Esslöffel warmes Wasser

120 g Zucker

100 g Mehl

100 g Kartoffelmehl

Für den Vanillepudding:

• 500 ml Vollmilch

• 1 Päckchen Vanillepudding zum Kochen

• 30 g Zucker

• 3 Eigelb, von Eiern Größe M

• ½ Vanilleschote

• 1 Prise Salz

Für die Creme:

Den Vanillepudding, den du oben zubereitet hast

außerdem:

• 200 g Sahne

• 5 Blatt Gelatine

• 40 g Zucker

• 400 g frische Johannisbeeren

für das Baiser:

4 Eiweiß (von den bisher verwendeten Eiern)

• 120 g Zucker

• 1 Prise Salz

• 2 TL Zitronensaft

• Bunsenbrenner

So machst du´s richtig:

1.) Trenne die Eier und schlage das Eigelb schaumig.

2.) Schlage das Eiweiß schaumig.

3.) Heize den Backofen auf 180 Grad Oberhitze/Unterhitze vor.

4.) Gib etwa 1/3 des Zuckers ins Eiweiß und schlage so lange, bis sich der Zucker aufgelöst hat.

5.) Gib die restlichen 2/3 des Zuckers in die Eigelbmasse und schlage ebenfalls so lange, bis der Zucker sich aufgelöst hat.

6.) Mische das Mehl und das Kartoffelmehl und siebe es auf die Eigelbmasse.

7.) Gib die Eiweißmasse darauf und rühre mit einem Gummispatel unter (nicht mehr mit dem Rührgerät!)

8.) Gib den Teig in eine mit Backpapier ausgelegte Springform und backe den Teig genau 40 Minuten im Backofen.

9.) Nimm den Teig aus dem Backofen und lasse ihn auskühlen.

10.) Puddingpulver mit dem gesamten Eigelb und 3-4 EL der Milch in einer kleinen Schüssel vermischen.

11.) Restliche Milch, Zucker, Salz und Vanille zum Kochen bringen und unter ständigem Rühren das angerührte Puddingpulver zugeben.

12.) Einmal aufkochen lassen, dann in eine größere Schüssel geben und sofort mit Frischhaltefolie abdecken.

13.) Kurz stehen lassen und dann im Kühlschrank komplett durchkühlen lassen.

14.) Schlage nun für die Creme die Sahne steif.

15.) Gib den Zucker dazu und rühre nochmals (achte darauf, dass Sahne, wenn du sie zu lange rührst, wieder flüssig wird und du dann Butter bekommst, und das wollen wir ja nicht.)

16.) Weiche die Gelatine in etwas Wasser auf.

17.) Gib den Vanillepudding in die Sahne und rühre kurz.

18.) Gib die gewaschenen Johannisbeeren hinein, hebe aber ein paar Rispen zur Deko auf.

19.) Drücke sie aus, gib sie in einen Topf und löse sie auf (nicht kochen lassen!)

20.) Gib etwas von der Vanillemasse in den Topf und rühre (so was nennt man „angleichen")

21.) Gib nun die Gelatinemasse in die andere Masse und rühre.

22.) Nimm einen Tortenring, öle ihn ein und zuckere ihn.

23.) Nimm den Biskuitboden und lege den Tortenring darum.

24.) Fülle nun die Vanillemasse auf den Biskuitboden.

25.) Lass das Ganze im Kühlschrank mindestens 2 Stunden kühlen.

26.) Mache nun das Baiser. Dazu musst du die Eiweiße steif schlagen.

27.) Gib nun Zucker, Salz und den Zitronensaft hinzu und rühre nochmals.

28.) Hole nun den Kuchen aus dem Kühlschrank.

29.) Teile ihn mit einem Tortenteiler in 12 Stücke, so dass du besser mit der Deko hantieren kannst.

30.) Gib nun das Baiser in eine Spritztülle und trage das Baiser auf den Kuchen auf.

31.) Flambiere das Baiser mit einem Bunsenbrenner und gib die restlichen Zesten der Johannisbeeren darauf.

Wenn der HERR uns gnädig ist, so wird er uns in dies Land bringen und es uns geben, ein Land, darin Milch und Honig fließt. (4 Mose 14.8)

Käsekuchen

Das brauchst du:

Für den Mürbeteig:

300 g Mehl

100 g Zucker

200 g Butter

Mark einer Vanillestange

Abrieb einer halben Limette (oder auch Zitrone)

1 Eigelb

Für die Quarkmasse:

1 kg Magerquark

300 g Zucker

1 Päckchen Puddingpulver Vanille -oder Sahnegeschmack

4 Eier

Mark einer Vanillestange

Abrieb einer halben Limette (oder Zitrone)

600 ml Milch

100 g zerlassene Butter

So machst du´s richtig:

1.) Gib das Mehl, die Butter, den Zucker, das Vanillemark, den Limettenabrieb und das Eigelb in eine sehr große Schüssel.

2.) Knete das Ganze mit den Händen so lange, bis ein geschmeidiger Teig entstanden ist.

3.) Wickle den Teig in Klarsichtfolie ein und gib ihn für eine Stunde in den Kühlschrank.

4.) Nimm eine Springform und gib Backpapier auf den Springformboden.

5.) Buttere und bemehle den Rand der Springform.

6.) Heize den Backofen auf 180 Grad Oberhitze/Unterhitze vor.

7.) Rolle nun den Teig aus und lege ihn so in die Springform, dass auch noch ein Rand entsteht.

8.) Gib den Quark, den Zucker, das Puddingpulver, die Eier, das Vanillemark, den Limettenabrieb und die Milch in eine sehr große Schüssel.

9.) Nimm ein Küchentuch und gib es über den Handrührer, so dass du die Masse mit einem Handrührer durchrühren kannst, ohne alles zu verspritzen.

10.) Nimm nun einen Topf und schmelze die Butter am Herd.

11.) Gib nun die geschmolzene, also zerlassene Butter ebenfalls in die Quarkmasse und rühre nochmals durch.

12.) Fülle nun diese Quarkmasse in die Springform, wo ja bereits der Knetteig ist.

13.) Gib den Kuchen in den Ofen und decke ihn bereits jetzt mit Backpapier ab.

14.) Backe den Kuchen für 1 Stunde und 30 Minuten auf mittlerer Schiene.

15.) Hole nun den Kuchen N I C H T aus dem Ofen, sondern lass ihn im Ofen ganz kalt werden.

Das kann mehrere Stunden dauern.

Käsekuchen backen ist etwas knifflig, aber wenn du diese Regeln beherzigst, klappt er wie auf dem

Bild auf Seite 170:

1.) Lass den Kuchen im Ofen ganz kalt werden, auch wenn es einen halben Tag dauert.

2.) Gib gleich beim Reingeben in den Ofen Backpapier auf den Kuchen, so dass er nicht zu

dunkel wird, denn du sollst ja nun den Ofen nicht mehr aufmachen!

Madelääns aus dem Odenwald (eigentlich Madeleines)

Das brauchst du (für 12 echte Madeleines oder für ca. 40 kleinere Teilchen):

80 g Butter

3 große Eiweiße

100g Puderzucker

60 g Mehl

40 g fein gemahlene Mandeln

So machst du's richtig:

1.) Schlage mit einem Handrührgerät die Eiweiße fest.

2.) Gib die Hälfte des Puderzuckers in das Eiweiß und schlage nochmals mit dem Handrührgerät.

3.) Nimm einen Topf und lass die Butter schmelzen.

4.) Siebe den restlichen Puderzucker, das Mehl und die Mandeln in eine größere Schüssel.

5.) Unterhebe vorsichtig das Eiweiß, indem du mit einem Rührspatel das Eiweiß unter die Mehlmasse rührst.

6.) Gib nun die Butter hinzu und rühre nochmals mit einem Handrührgerät.

Lass das Ganze nun abgedeckt im Kühlschrank über Nacht ruhen. Das ist

GANZ WICHTIG!

7.) Bemehle und bebuttere am nächsten Tag die Silikonformen.

8.) Gib nun den Teig in die Förmchen und streiche mit einem Messer den überschießenden Teig glatt.

9.) Backe das Ganze bei 180 Grad Oberhitze/Unterhitze etwa 20 Minuten.

Mandel-Tonka-Konfekt

Das brauchst du (ergibt je nach Größe 35- 40 Stücke):

Für die Tonkabohnen-Knusperkrümel:

40 g Puderzucker

40 g Weizenmehl oder Dinkelmehl

40 ml Sahne

½ frisch geriebene Tonka-Bohne

Für das Mandelkrokant:

150 g gehackte Mandeln

75 g Puderzucker

Außerdem

350g weiße Schokolade

nach Belieben dunkle Schokolade zum Verzieren

So machst du´s richtig:

1.) Heize den Backofen auf 180 Grad Umluft vor.

2.) Gib den Puderzucker, das Mehl, die Sahne und die geriebene Tonkabohne in eine Schüssel und rühre um. Es entsteht eine zähe Masse.

3.) Streiche diese Masse auf ein Backblech. Am besten geht das mit einer so genannten Winkelpalette, die du oben im Einsatz siehst.. Streiche die Masse sehr dünn aus, denn sie wird anschließend sowieso zerkrümelt.

4.) Mache nun das Krokant: Dazu musst du die Mandeln und den Puderzucker in einem Topf erhitzen. Erst 1 Minute auf voller Heizkraft, dann auf die Hälfte runter schalten und noch 5 Minuten weiter erhitzen. Immer wieder umrühren, nie weg vom Herd! Du machst nämlich gerade nichts anderes als gebrannte Mandeln. Daher musst du immer, wirklich immer umrühren, sonst brennen nicht nur die Mandeln!!!!!!

5.) Breite nun die Mandeln auf Backpapier aus und lass sie kurz kalt werden.

6.) Nimm den Teig aus dem Ofen und lasse ihn kalt werden.

7.) Wenn er kalt ist, kannst du aus dem Teig Krümel machen. Entweder in einer Küchenmaschine, oder in einem Handtuch eingewickelt und draufschlagen. Dann hast du kleine Krümel.

8.) Mach nun die Schokolade in einem Simmertopf oder in Wasserbad flüssig.

9.) Gib nun die andren Sachen, also Knusperkrümel und Mandelkrokant hinein und rühre um.

10.) Mache nun mithilfe von 2 Teelöffeln kleine Häufchen und lege sie auf ein Backpapier.

11.) Lass alles kalt werden und verziere, wenn du willst, mit dunkler Schokolade.

Möhren-Mandelkuchen ohne Mehl

Das brauchst du:

• 500g Karotten (noch nicht geputzt)

• 125 ml Saft von Orangen

• 6 Eigelb und 6 Eiweiß

• 220g Erythrit (oder anderen Zucker)

• 60g Kokosöl

• 450 gemahlene Mandeln

• 1 Päckchen Backpulver

So machst du´s richtig:

• Schäle die Karotten und rasple sie ganz klein.

• Trenne die Eier und schlage das Eiweiß fest.

• Heize den Backofen auf 180 Grad Oberhitze/Unterhitze vor.

• Gib das Eigelb in eine andere Schüssel und schlage das Eigelb so lange, bis es eine cremige Konsistenz aufweist.

• Gib den Zucker bzw. das Erythrit dazu und schlage nochmals so lange, bis sich die Kristalle aufgelöst haben.

• Schmelze in einem Topf das Kokosöl und gib es in die Masse.

• Schlage nochmals die Masse durch.

• Gib den Orangensaft hinzu und schlage nochmals durch.

• Mische die Mandeln und das Backpulver in einer dritten Schüssel durch und gib es auf die Eigelbmasse.

• Gib das Eiweiß auf die Eigelbmasse.

• Hebe das Eiweiß und die Mandeln unter den Teig.

• Backe das Ganze in einer Springform, die du mit Fett und Mehl ausgestäubt hast, im Backofen für 1 Stunde und 5 Minuten.

Marmor-Orangenkuchen

Das brauchst du

4 Eier

200 g Zucker

1 Päckchen Vanillezucker oder Vanilleschote

1 Prise abgeriebene Zitronenschale

125 ml neutrales Speiseöl

125 ml Orangensaft, am besten frisch gepresst

3 Teelöffel Kakaopulver

250 g Mehl

1 Päckchen Backpulver

Schokoglasur

So machst du´s richtig:

1.) Gib die Eier in eine Schüssel und rühre sie schaumig.

2.) Gib den Zucker und den Vanillezucker bzw. das Mark der Vanille dazu und rühre so lange, bis sich der Zucker aufgelöst hat.

3.) Mische in einer anderen Schüssel das Mehl mit dem Backpulver gut durch.

4.) Rühre den Teig noch einmal und lass den Orangensaft und dann das Öl langsam hineinfließen.

5.) Heize den Backofen auf 180 Grad Oberhitze/Unterhitze vor.

6.) Siebe das Mehl nun auf den Teig und hebe das Mehl unter den Teig.

7.) Nimm nun etwa 1/3 des Teiges heraus in eine andere Schüssel und gib den Kakao dort hinein.

8.) Rühre diesen Teig nochmals, dann fette eine Kastenform ein.

9.) Gib nun abwechselnd den weißen und den braunen Teig in die Kastenform.

10.) Wenn du willst, kannst du am Ende mit einer Gabel nochmals durchfahren, so dass sich diese besondere Marmorform im Kuchen ergibt.

11.) Backe den Kuchen nun für etwa 1 Stunde und 10 Minuten im Backofen.

12.) In der Mitte der Backzeit kann es sein, dass du den Kuchen mit einem Backpapier abdecken musst, so dass er nicht zu dunkel wird.

13.) Nimm den Kuchen aus dem Backofen und lass ihn etwa 10 Minuten stehen.

14.) Nimm ihn nun aus der Form und garniere ihn mit Puderzucker oder mit dunkler, flüssiger

Schokolade, die du vorher in einem Wasserbad geschmolzen hast.

Muffins (Grundrezept):

Das sind Muffins, die den Namen auch verdienen! Und dieses Grundrezept kannst du beliebig variieren – auf dem Bild sind es Apfelmuffins. Man kann Glasuren drauf machen, mit verschiedenen Obstsorten der Saison füllen usw.

Das brauchst du (für 12 Muffins):

250 g Mehl

150 g Zucker

125 g Butter

2 Eier

1 Päckchen Backpulver

200 bis 250 ml Milch (so dass der Teig noch „reißend" vom Löffel fällt)

Mark einer Vanillestange

12 Papiermuffin-Formen

So machst du´s richtig:

1.) Heize den Backofen auf 180 Grad Oberhitze/Unterhitze vor.

2.) Rühre die Butter in einer Schüssel schaumig.

3.) Gib die Eier und den Zucker dazu und rühre mindestens 8 Minuten.

4.) Gib das Vanillemark dazu (Schneide die Vanillestange mit dem Messer auf und kratze mit dem Rücken eines Kaffeelöffels das Mark heraus).

5.) Mische das Mehl mit dem Backpulver.

6.) Siebe mit einem Haarsieb das Mehlgemisch auf den Teig.

7.) Rühre den Teig kurz richtig ordentlich durch.

8.) Gib nun die Milch hinzu. WICHTIG: Wie oben beschrieben, darfst du nur so viel Milch hinzugeben, dass der Teig „reißend" vom Löffel fällt. Rühre dabei immer wieder um.

9.) Jetzt kannst du ihn entweder so backen oder mit Äpfeln, Blaubeeren usw. verfeinern.

10.) Gib nun den Teig in die 12 Förmchen. Du darfst nur so viel Teig in jede Form geben,

dass die Form nicht ganz voll ist. Wenn du sie voll machst, kann es passieren, dass der Teig raus fließt und den Backofen versaut.

11.) Backe die Muffins nun auf mittlerer Schiene etwa 40 Minuten.

Pfirsich-Thymian-Torte

Das brauchst du:

für den Cornflakes-Knusperboden:

- 320 g weiße Kuvertüre, gehackt
- 20 g Pistazien, geröstet
- 160 g Cornflakes

Für die Füllung:

- 3 kleine Pfirsiche
- 50 g Zucker für die Pfirsiche
- 150 ml Wasser
- 1 Thymianzweig
- 800 ml Sahne
- 400 ml Milch
- 120 g Zucker
- 8 Zweige Thymian
- 12 Blatt Gelatine, in kaltem Wasser eingeweicht

Für die Verzierung:

- 12 Knusperhäufchen aus dem Knusperboden
- 1 Pfirsich, in Spalten geschnitten
- Thymianzweige

So machst du´s richtig:

1.) Gib die Cornflakes in eine große Schüssel und zerstoße sie
etwas.
2.) Gib die weiße Schokolade bzw. Kuvertüre in ein Wasserbad

oder einen Simmertopf und lass sie schmelzen.

3.) Gib die Pistazien zu den Cornflakes und rühre um.

4.) Gib die Schokolade zu den Flakes und rühre kräftig um.

5.) Nimm einen Tortenring und öffne ihn auf ca. 26 cm (also Tortengröße).

6.) Gib auf den unteren Teil des Ringes Klarsichtfolie und achte darauf, dass sie den Tortenring gut umschließt, so dass später nichts rauslaufen kann.

7.) Gib die Cornflakes nun auf den Boden des Tortenrings.

8.) Mache mithilfe eines Kaffeelöffels 12 Knusperhäufchen aus einem Teil des Cornflakesbodens und lege diese Häufchen auf ein Stück Backpapier (diese Häufchen brauchst du später als Verzierung).

9.) Drücke den Rest des Bodens fest.

10.) Schäle 3 der 4 Pfirsiche mit einem Sparschäler.

11.) Schneide die Pfirsiche in kleine Würfelchen.

12.) Gib diese Würfelchen in eine feuerfeste Form.

13.) Gib die 150 ml Wasser mit den 50g Zucker in einen kleinen Topf zusammen mit einem Stiel Thymian.

14.) Lass alles aufkochen und gib dann diesen so genannten Läuterzucker zu den Pfirsichen in die Form.

15.) Gib das Ganze mit Alufolie abgedeckt für 20 Minuten bei 160 Grad Oberhitze/Unterhitze in den Ofen.

16.) In der Zwischenzeit kannst du die „Panna Cotta" machen: Gib dazu die Sahne, die Milch, die 120 g Zucker in einen Topf und lass das Ganze unter ständigem Rühren (wichtig!) aufkochen.

17.) Gib nun 8 Zweige Thymian hinein und lass das Ganze 15 Minuten ziehen.

18.) Nimm nun die Thymianzweige heraus.

19.) Weiche die Gelatine in kaltem Wasser ein, so dass sie sich ausdrücken lässt.

20.) Drücke die Gelatine aus und lass sie in einem kleinen Topf am Herd schmelzen (niemals kochen lassen, denn sonst ist die Gelatine unwirksam).

21.) Gib nun 2-3 Schöpflöffel der Milchsahne in die Gelatine und rühre um (das nennt man „Angleichen)".

22.) Gib nun diese Gelatinemasse zurück in die Milchsahne und lass das Ganze kalt werden und etwas anstocken (also andicken).

23.) Gib nun die Pfirsiche in diese Milchsahne-Masse.

24.) Gib das Ganze nun in den Tortenring.

25.) Lass alles mindestens 3 bis 4 Stunden im Kühlschrank stocken.

26.) Schneide dann den vierten Pfirsich in 12 Pfirsichstücke zum Garnieren.

27.) Lege nun wie oben zu sehen 1 Knusperhäufchen, 1 Pfirsichstück und 1 Thymianzweig zusammen als Garnitur.

*So lasst euch nun von niemandem ein schlechtes Gewissen
machen wegen Speise und Trank oder wegen eines Feiertages,
Neumondes oder Sabbats. Das alles ist nur ein Schatten des
Zukünftigen; der Leib aber ist Christus eigen. (Kolosser 2.16)*

Rosmarin-Cookies

Das brauchst du (für ca. 50 Cookies):

80 g Zucker

160 g Butter

2 Esslöffel Honig

240 g Mehl

½ Teelöffel Backpulver

1 Prise Salz

2 Esslöffel gehackten frischen Rosmarin

So machst du´s richtig:

1.) Gib die Butter, den Zucker, den Honig, das Salz in eine Schüssel.

2.) Gib das Mehl und das Backpulver in eine andere kleine Schüssel und rühre dieses Gemisch gut durch.

3.) Siebe dieses Gemisch auf die Butter in der anderen Schüssel.

4.) Schneide die Rosmarin-Nadeln mit einem Messer zu kleinen Stückchen (man kann davon ausgehen, dass ein Zweig Rosmarin einem Esslöffel entspricht, so dass du zwei Zweige Rosmarin benötigst.

5.) Knete nun aus dieser ganzen Masse einen Plätzchenteig, am besten mit den Händen.

6.) Heize den Backofen auf 180 Grad Oberhitze/Unterhitze vor.

7.) Rolle nun mit den Händen 4 gleich große „Würste" und schneide sie in Stücke.

8.) Forme daraus Plätzchen und gib sie in den Ofen (20 Minuten sollten reichen).

9.) Lass sie kalt werden und bestreue sie, wenn du magst, mit Puderzucker.

Stachelbeer-Baiser-Torte

Das brauchst du:

Für den Biskuittboden:

- 100 g Mehl

- 120 g Speisestärke bzw. Kartoffelmehl

- 100 g Zucker

- 6 Eigelb und 6 Eiweiß

- 6 Esslöffel warmes Wasser

Für die Füllung:

- 250 g Stachelbeeren bzw. TK-Stachelbeeren

- Etwas Zucker

- 2 Becher Schlagsahne

Für das Topping:

- 3 Eiweiß

- 50 g Zucker

- 1 Packung Löffelbiskuits

So machst du´s richtig:

1.) Mache zunächst den Biskuit. Heize dazu den Backofen auf 180 Grad

Oberhitze/Unterhitze vor.

2.) Lege eine Springform mit Backpapier aus.

3.) Gib nun das Eiweiß in eine Schüssel und schlage es mit einem Teil des Zuckers fest.

4.) Gib nun die Eigelbe mit dem lauwarmen Wasser in eine andere Schüssel und schlage es fest.

5.) Gib den Zucker hinzu und schlage nochmals mehrere Minuten.

6.) Mische das Mehl und die Speisestärke in einer weiteren Schüssel und siebe das Ganze in die Eigelbmasse.

7.) Gib die Eiweißmasse darauf und rühre mit einem Spatel alles unter.

8.) Backe den Teig im Backofen für 40 Minuten auf mittlerer Schiene.

9.) Hole den Boden aus dem Backofen und lass ihn kalt werden.

10.) Gib in der Zwischenzeit die Stachelbeeren in einen Topf mit Wasser und koche sie mit etwas Zucker auf.

11.) Siebe die Stachelbeeren ab und lass sie ebenfalls kalt werden.

12.) Schlage die Schlagsahne mit etwas Zucker fest.

13.) Schneide den Biskuit einmal in der Mitte durch.

14.) Gib die Stachelbeeren mit der Hälfte der Sahne auf den ersten Boden und lege den zweiten Boden drauf.

15.) Gib den Rest der Sahne auf den zweiten Boden und an den Rand.

16.) Nimm die Löffelbiskuits, schneide die durch die Mitte und gib sie rund um den Rand der Torte.

17.) Schlage nun 3 weitere Eiweiße mit Zucker fest.

18.) Gib sie als Topping auf die Torte und flämme sie mit einem Küchenbunsenbrenner an.

Schoko-Beeren-Zitronenmelisse-Torte

Das brauchst du:

Für den Boden:

100 g Butter

2 Eier

100 g Zartbitterkuvertüre oder Vollmilchkuvertüre

80 g Zucker

100 g gemahlene Mandeln

1 Teelöffel Backpulver

2 Teelöffel Kakaopulver

Für die Mousse:

250 ml Milch

2 Eigelbe

350 g Zartbitter- oder Vollmilchkuvertüre

2 Becher (400 g) halbfest geschlagene Schlagsahne

Ein paar Blätter Zitronenmelisse

Für die Dekoration:

Beeren der Saison

Ein paar Blätter Zitronenmelisse

So machst du´s richtig:

1.) Gib die Butter und die 100 g Kuvertüre in ein Wasserbad und schmelze beides.

2.) Vermische die Mandeln, das Backpulver und den Kakao in einer Schüssel.

3.) Nimm eine andere Schüssel und schlage darin die Eier schaumig.

4.) Heize den Backofen auf 180 Grad Oberhitze/Unterhitze vor.

5.) Gib den Zucker in die Eiermasse und schlage nochmals schaumig.

6.) Gib die geschmolzene Kuvertüre dazu und rühre durch.

7.) Gib das Mandelgemisch ebenfalls dazu und rühre nochmals durch.

8.) Lege eine Springform mit Backpapier aus und fülle den Teig hinein.

9.) Backe den Teig auf mittlerer Schiene für 20 Minuten.

10.) Mache in der Zwischenzeit die Ganache: Dazu gibst du die Milch in einen Topf. Gib Zitronenmelisseblätter hinzu und lass die Milch aufkochen.

11.) Nimm die Milch vom Herd.

12.) Gib die Eigelbe in die Milch und rühre mit einem Schneebesen kräftig durch.

13.) Lass das Ganze noch mal aufkochen. Du musst dann immer dabei rühren!

14.) Gib die 350 g Kuvertüre, die du vorher klein gehackt hast, in eine Schüssel.

15.) Gib nun die Milch-Eier-Masse in zwei „Etappen" in die Kuvertüre und rühre mit einem Schneebesen dabei um.

16.) Schlage die Sahne so weit, dass sie relativ fest, aber noch nicht ganz fest ist.

17.) Gib die Sahne nach und nach in die Kuvertüre und rühre mit einem Schneebesen.

18.) Nimm den Tortenboden aus dem Ofen und löse ihn aus der Form.

19.) Gib ihn auf eine Tortenplatte.

20.) Öle einen Tortenring innen ein und bestreue den öligen Teil mit Zucker.

21.) Lege den Tortenring fest um den Tortenboden.

22.) Fülle nun die Ganache in den Tortenring.

23.) Stelle die Torte für eine Nacht in den Kühlschrank.

24.) Gib am nächsten Tag die Beeren und Zitronenmelisseblätter als Verzierung auf die Torte.

25.) Löse den Tortenring ab.

Weihnachtsbäckerei

Bethmännchen

Das brauchst du:

500 g Marzipan

70 g Puderzucker

70 g Mehl

1 Eiweiß, steif geschlagen

1 Eigelb

später noch ein Eigelb mit 3 Esslöffel kalten Wasser vermischt

4 Esslöffel Rosenwasser (bekommt man in der Apotheke)

2 Päckchen ganze Mandeln, blanchiert (ohne Haut)

So machst du´s richtig:

1.) Heize den Backofen auf 160 Grad Oberhitze/Unterhitze vor.

2.) Trenne das Ei und schlage das Eiweiß steif.

3.) Marzipan, Puderzucker, Eiweiß, Eigelb, Rosenwasser und Mehl in eine Schüssel geben und zu einem Teig kneten. Sollte der Teig zu nass sein, einfach etwas mehr Mehl unterkneten.

4.) Forme nun mit der Hand aus dem Teig kleine Kügelchen. Ein Kügelchen sollte 20 Gramm wiegen.

5.) Mische nun das weitere Eigelb mit kaltem Wasser und bepinsle damit die Kügelchen.

6.) Nimm nun je 3 Mandeln und drücke sie auf jedes Kügelchen.

7.) Backe die Bethmännchen ca. 20 Minuten bei 170 Grad im Backofen.

Elisen-Lebkuchen

Du brauchst:

250 g Haselnüsse

50 g Mandeln

190 g Zucker

40 g Mehl

130 g Marzipan

1 Esslöffel Rum

4 Eiweiß

½ Teelöffel Hirschhornsalz (gibt's im Gewürzregal)

1 Tüte Lebkuchengewürz (gibt's ebenfalls im Gewürzregal)

1 Packung Orangeat

1 Packung Zitronat

30 Backoblaten

1 großes Päckchen Zeit und Geduld

So machst du´s richtig:

1.) Nimm eine kleine Tasse und mische den Rum mit dem Hirschhornsalz.

2.) Schlage da Eiweiß in einer anderen Schüssel steif.

3.) Lass nun nach und nach den Zucker in das Eiweiß rieseln. Es entsteht eine zähe Masse.

4.) Nimm eine weitere Schüssel und gib alle festen Bestandteile dort hinein (Haselnüsse, Mandeln, Mehl, Lebkuchengewürz, Orangeat, Zitronat und mische alles durch.

5.) Jetzt brauchst du noch mal eine Schüssel. Hier gibst du das Marzipan rein und 4 bis 5 Esslöffel des Eiweißes. Schlage nun alles mit dem Handrührgerät weich.

6.) Gib nun das Eiweißgemisch zu den trockenen Zutaten. Gib auch das aufgelöste Hirschhornsalz dazu.

7.) Rühre alles kräftig durch.

8.) Gib diesen Teig zugedeckt in den Kühlschrank und warte einen ganzen Tag!

9.) Am nächsten Tag kannst du weiter machen: Nimm den Teig aus dem Kühlschrank.

Gib etwas lauwarmes Wasser in eine kleine Schüssel.

10.) Bereite die Oblaten vor und lege sie auf den Tisch.

11.) Nimm nun immer einen Esslöffel voll Teig und forme mit nassen Fingern (Deshalb die Schüssel mit Wasser!) eine Kugel.

Gib die Kugel jeweils auf eine Oblate und drücke sie so platt, dass alles wie Elisenlebkuchen aussieht.

12.) Gib alle Lebkuchen auf ein mit Backpapier ausgelegtes Backblech.

13.) Lass die Lebkuchen ungebacken noch mal 2 Stunden ruhen, bis die Oberfläche etwas angetrocknet ist.

14.) Heize den Ofen auf 170 Grad Oberhitze/Unterhitze vor.

15.) Backe nun die Lebkuchen etwa 20 bis 25 Minuten, bis sie goldbraun sind.

16.) Nimm die Lebkuchen aus dem Ofen und lass sie kalt werden.

17.) Zum Schokolieren brauchst du nun Kuvertüre oder Schokolade, die du im Wasserbad erhitzt. Damit kannst du die Lebkuchen überziehen.

Glasierte Herzen und Orange-Kokos-Sterne (haben einen gleichen Teig)

Das brauchst du:

Für den Teig (ist bei beiden Plätzchen gleich):

150 g Butter

150 g Puderzucker

300 g Mehl

1 Ei

1 Eigelb

Etwas Abrieb von eine unbehandelten Zitrone

Für die Orange-Kokos-Sterne:

150g Puderzucker

1 Eiweiß

Evtl. etwas Wasser

Kokosflocken

500 g Orangenmarmelade

So machst du´s richtig:

1.) Schlage das Eiweiß und den Zucker auf. Es muss eine streichfähige Konsistenz entstehen. Unter Umständen musst du mit etwas Wasser verdünnen.
2.) Du musst nun Sterne ausstechen, eine Hälfte Sterne und eine Hälfte solche Sterne, in denen in der Mitte ebenfalls ausgestochen ist, damit man die Marmelade sieht (wie bei Hilda-Brötchen)
3.) Gib das Eiweiß in eine flache Schale.
4.) Gib die Kokosflocken in eine andere Schale.
5.) Nun musst du die „gelochten" Sterne dort hineintauchen und anschließend in die Kokosflocken eintauchen.
6.) Gib die Orangenmarmelade in einen Spritzbeutel und gib die Marmelade mithilfe des Spritzbeutels auf die „nicht gelochten" Sterne.
7.) Gib nun die gelochten Sterne auf die nicht gelochten.

Für die glasierten Herzen brauchst du zusätzlich zum Grundteig:

200 g Marzipan

150 g Himbeermarmelade

Noch mal 200 g Himbeermarmelade für die Glasur

Etwas Puderzucker

So machst du´s richtig:

1.) Steche eine gerade Zahl von Herzen aus dem Grundteig aus.
2.) Rühre das Marzipan mit den 150 g Himbeermarmelade glatt und gib das Ganze in einen Spritzbeutel.

3.) Gib nun auf die Hälfte der Herzen diese Mischung und drücke die anderen Herzen darauf.
4.) Koche die 200 g Himbeermarmelade auf und schaue, ob sie nach einer gewissen Zeit geliert. Gib den Puderzucker dazu und rühre nochmals.
5.) Tauche die Herzen in die Marmelade oder bepinsele die Herzen mit der Marmelade.
6.) Lass alles am besten über Nacht antrocknen.

Siehe, ich verkündige euch große Freude, die allem Volk widerfahren wird; denn euch ist heute der Heiland geboren, welcher ist Christus, der Herr, in der Stadt Davids. Und das habt zum Zeichen: Ihr werdet finden das Kind in Windeln gewickelt und in einer Krippe liegen. (Lukas 2.10)

Husarenkrapfen

Das brauchst du (reicht für ca. 45 Stück):

300 g Mehl

80 g gemahlene Haselnüsse

1 Päckchen Vanillezucker

100 g Zucker

2 Eigelb

200 g Butter

Später: Gelee nach deiner Wahl und Puderzucker

So machst du´s richtig:

1.) Gib das Mehl, die Haselnüsse, den Vanillezucker, den normalen Zucker, die Eigelbe und die Butter in eine Schüssel und mische das Ganze mit den Händen zu einem geschmeidigen Teig.

2.) Gib den Teig für eine Stunde in den Kühlschrank.

3.) Nimm den Teig aus dem Kühlschrank und forme aus dem Teig nach und nach Würste, die etwa 2 cm dick sind.

4.) Heize den Backofen auf 180 Grad Oberhitze/Unterhitze vor.

5.) Schneide dann die Würste in Stückchen.

6.) Forme diese Stückchen zu Kugeln und gib sie auf ein mit Backpapier ausgelegtes Backblech.

7.) Nimm nun einen Kochlöffel und drücke mit dem Stiel Löcher in die Mitte der Kügelchen. Später kommt da das Gelee hinein.

8.) Backe die Krapfen 15 Minuten im Ofen bei 180 Grad.

9.) Nimm die Krapfen heraus, bestreue sie gleich mit Puderzucker.

10.) Gib nun mit einer Spritztüte das Gelee in die Löcher.

11.) Lass das Gelee eine bis zwei Stunden antrocknen und gib dann die Husarenkrapfen in eine Keksdose.

Nuss-Zucker-Hörnchen

Das brauchst du:

350 g Mehl

200 g Butter

200 g Frischkäse (z.B. Philadelphia)

80 g dunkler Rohrzucker

80 g normalen Zucker

80 g gemahlene Nüsse

1 Prise Salz

5 g Zimt

So machst du´s richtig:

1.) Siebe das Mehl auf eine Arbeitsfläche, z.B. den Küchentisch.

2.) Schneide die Butter in Flöckchen und gib sie zum Mehl.

3.) Gib den Frischkäse in das Mehl.

4.) Gib das Salz und den Zimt hinzu und knete das Ganze zu einem Teig.

5.) Gib den Teig für eine Stunde in den Kühlschrank.

6.) Mische in der Zwischenzeit den Rohrzucker, den Zucker und die Nüsse in einer Schüssel.

7.) Nimm nun den Teig aus den Kühlschrank und teile ihn in 4 gleiche Teile.

8.) Nimm nun einen Teil des Teigs und rolle ihn etwa pizzagroß aus.

9.) Teile mit einem Messer oder (noch besser) mit einem Tortenteiler den Teig in 16 gleich

große Dreiecke.

10.) Rolle die Dreiecke zu Hörnchen aus.

11.) Backe die Hörnchen bei 175 Grad Oberhitze/Unterhitze etwa 25 Minuten goldbraun.

Pistazien-Himbeerplätzchen

Das brauchst du:

• 200 g weiche Butter

• 125 g Puderzucker

• 350 g Mehl, Typ 405

• Mark ½ Vanilleschote

• 1 Prise Salz

• 2 Päckchen Pistazien gehackt

• Saft und Abrieb einer ½ Bio-Zitrone

• 1 Eiweiß (30 g), leicht verquirlt

• außerdem etwas Zucker zum Ausrollen der Stränge

• Himbeer-oder Waldbeer-Marmelade bzw. Gelee

• Rohrzucker

So machst du´s richtig:

1.) Heize den Backofen auf 200 Grad Oberhitze/Unterhitze vor.

2.) Verarbeite die Pistazien in einer Küchenmaschine zu Pulver.

3.) Gib die Butter, den Puderzucker, das Mehl, die Pistazien, die Vanilleschote, das Salz, den

Zitronenabrieb und das leicht verquirlte Eiweiß in eine Schüssel und knete das Ganze zu einem geschmeidigen Teig.

4.) Lass den Teig im Kühlschrank für mindestens 2 Stunden ruhen.

5.) Forme aus dem Teig 5 gleich große und gleich lange Würste.

6.) Wälze die Würste in Rohrzucker.

7.) Gib die Würste auf ein Backblech, das du vorher mit Backpapier ausgelegt hast.

8.) Drücke nun mit einem Kochlöffel eine Mulde in die Würste (da kommt später die Marmelade rein).

9.) Backe die Würste für etwa 15 Minuten im Backofen.

10.) Nimm die Würste aus dem Backofen und befülle sie sogleich mit der Marmelade.

11.) Lass die Würste für 5 bis 10 Minuten ruhen und schneide sie dann in kleine Rechtecke.

12.) Lass die Plätzchen für mehrere Stunden antrocknen und gib sie dann in eine Keksdose.

Pfaffenhütchen

Das brauchst du:

185 g Mehl

75 g Zucker

120 g Butter

1 Eigelb

1 Esslöffel Rum

Außerdem: rote Marmelade oder Gelee und Puderzucker

So machst du´s richtig:

1.) Heize den Backofen auf 180 Grad Oberhitze/Unterhitze vor.

2.) Gib das Mehl, den Zucker, die Butter, das Eigelb und den Rum in eine Schüssel und knete

das Ganze zu einem geschmeidigen Teig.

3.) Rolle den Teig aus und steche mit einer runden Ausstechform (Durchmesser etwa 5 cm)

Kreise aus.

4.) Gib einen Klecks Marmelade in die Mitte jedes Kreises und drücke mit 2 Fingern an 3 Stellen

des Plätzchens das Ganze so zusammen, dass eine Art Käppchen entsteht.

5.) Backe das Ganze im Ofen für 15 bis 20 Minuten goldbraun.

6.) Bepudere die Plätzchen noch heiß mit Puderzucker.

Spitzbuben

Das brauchst du: (ergibt ca. 36 Stück):

350 g Mehl

150 g Zucker

1 Päckchen Vanillezucker

abgeriebene Schale einer Zitrone

100 g gemahlene Mandeln

250 g Butter

1 Ei

außerdem: Ausstecherle mit 3 verschiedenen Größen derselben Form

und am Ende: 1 Glas Marmelade (am besten Erdbeere, Johannisbeere oder Himbeere)

So machst du´s richtig:

Gib alle Zutaten in eine große Schüssel und knete das Ganze zu einem Teig.

Gib den Teig für eine halbe Stunde in den Kühlschrank.

Heize den Backofen auf 180 Grad Oberhitze/Unterhitze vor.

Rolle den Teig aus und steche immer gleich viel große, mittlere und kleine Formen aus.

Backe die Kekse 10 bis 15 Minuten goldbraun.

Lass sie kalt werden und gib dann je einen Klecks Marmelade auf den großen Keks.

Gib den mittleren auf den großen Keks und gib darauf nochmals etwas Marmelade.

Setze den kleinen Keks darauf.

Lass die Kekse 2 bis 3 Stunden antrocknen.

Gib dann Puderzucker darauf und gib die Kekse in eine Dose.

Quarkstollen

Du brauchst:

500 g Mehl

1 Päckchen Backpulver

250 g Quark 20 % Fett

1 Ei

150g weiche Butter

Mark einer Vanilleschote

200 g Zucker

abgeriebene Schale einer halben Zitrone

400 g Sultaninen

3 Esslöffel Weinbrand, z.B. Chantré

100 g gehackte Mandeln

weiche Butter zum Bestreichen

Puderzucker zum Bestreuen

So machst du´s richtig:

1.) Mische Mehl und Backpulver in einer Schüssel.

2.) Siebe dieses Gemisch auf eine saubere Arbeitsplatte

3.) Drücke eine Mulde in die Mitte.

4.) Gib den Quark, das Ei, die Butter, das Vanillemark, den Zucker, den Zitronenabrieb, den

Weinbrand und die Mandeln in die Mulde.

5.) Knete das Ganze zu einem fluffigen Teig.

6.) Rolle das Ganze mit einem Rollholz auseinander.

7.) Gib die Sultaninen auf den Teig und falte ihn zusammen.

8.) Knete nochmals gut durch.

9.) Heize den Backofen auf 180 Grad Oberhitze/Unterhitze vor.

10.) Bring den Teig in eine Stollenform, indem du den Teig einmal umschlägst, wie im

Video zu sehen ist.

11.) Gib den Stollen für eine Stunde in den Ofen.

12.) Bestreue den noch heißen Stollen mit weicher Butter.

13.) Bestreue den Stollen, wenn er kalt ist, mit Puderzucker.